PRENTICE HALL
WORLD STUDIES
LATIN AMERICA

Guía de estudio de lectura y vocabulario

Boston, Massachusetts
Upper Saddle River, New Jersey

ISBN 0-13-251642-X

4 5 6 7 8 9 10 VO88 10 09

Contenido

Capítulo 5 El Caribe

Capítulo 6 América del Sur

Cómo usar este libro

La Guía de estudio de lectura y vocabulario se diseñó para ayudarte a comprender el contenido de World Studies. También te ayudará a construir tus destrezas de lectura y vocabulario. Por favor, tómate el tiempo necesario para revisar estas dos páginas a fin de que veas cómo funciona este libro.

Las páginas de Resumen de la Sección proporcionan un resumen fácil de leer para cada sección.

Se presenta un resumen de las ideas más importantes de la sección.

Los encabezados grandes en color azul corresponden a los encabezados grandes en color rojo de tu libro de texto.

Este icono te indica cuándo debes responder a la pregunta de Verifica tu lectura.

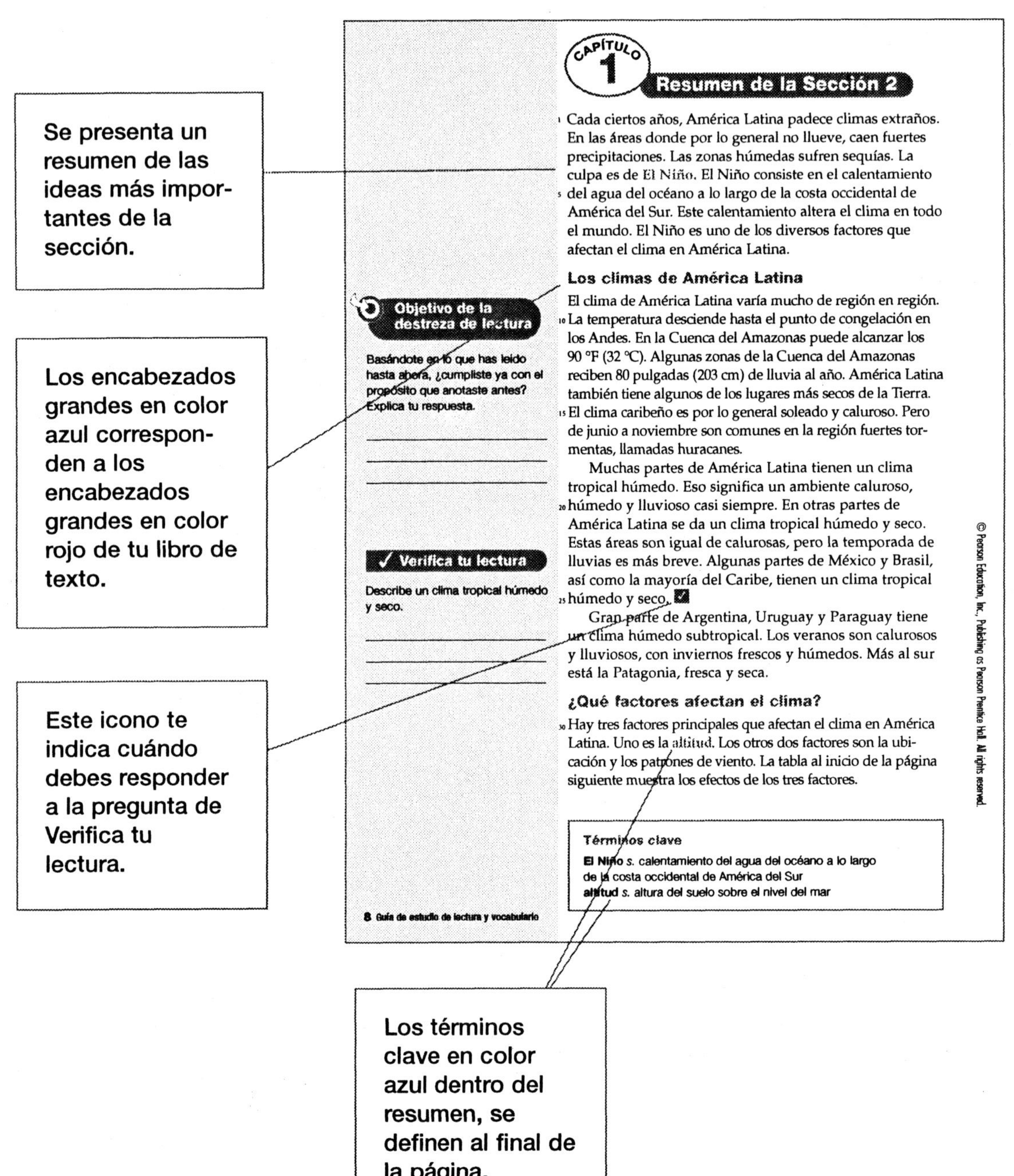

Los términos clave en color azul dentro del resumen, se definen al final de la página.

Las preguntas y actividades en los márgenes te ayudarán a tomar notas de las ideas principales, así como practicar el Objetivo de la destreza de lectura y la Estrategia de vocabulario.

Causas	Efectos
Altitud	A mayor altitud, menor temperatura
Ubicación	Las regiones cercanas al ecuador por lo general son más calurosas que las que están lejos de él ☑
Patrones de viento	La brisa marina mantiene las temperaturas templadas y produce más lluvia

El clima, las plantas y las personas

El bosque tropical del Amazonas es denso, con miles de especies de plantas. El aire es caliente y húmedo. En cambio, el Desierto de Atacama, en Chile, tiene pocas señales de vida porque es muy seco. Las características físicas de América Latina hacen posible estos extremos en el clima.

Muchas regiones de América Latina tienen climas menos extremos. <u>Hay en ellos diferentes clases de vegetación, es decir, vida vegetal.</u> La temperatura y la precipitación tienen un efecto en el crecimiento de las plantas de una región. También afecta lo que la gente puede cultivar ahí. Por ejemplo, la caña de azúcar, el café y los plátanos necesitan un clima templado y abundantes lluvias. Estos tres cultivos son importantes en América Latina. La economía de muchos países depende de la exportación de estos tres cultivos.

La altitud también afecta a la vegetación. A mayor altitud, el ambiente es más fresco y seco. Las plantas deben ser capaces de sobrevivir en estas condiciones. ☑

Preguntas de repaso

1. ¿Cuáles son los cuatro climas comunes en América Latina?

____

2. ¿Cómo afecta el clima a la población y la economía de América Latina?

____

Término clave

economía *s.* las formas en que se elaboran los bienes y servicios, y se distribuyen entre la población

✓ Verifica tu lectura

¿Cómo afecta el clima la cercanía con el ecuador?

____

____

Estrategia de vocabulario

Busca la palabra *vegetación* en el anunciado subrayado. Subraya las palabras o frases próximas que indiquen alguna pista del significado de esa palabra.

✓ Verifica tu lectura

Describe cómo afecta la altitud a la vegetación de una región.

____

____

Usa los renglones provistos para responder a las preguntas. También puedes usar los renglones para tomar notas.

Cuando veas este símbolo, marca el texto como se indica.

Evaluación del Capítulo 1

es regiones geográficas de América Latina son éxico, Brasil y Perú.
Amazonas, los Andes y el sistema del Río de la Plata.
mérica Media, el Caribe y América del Sur.
coral, los istmos y los tributarios.

Amazonas es
mayor recurso de México.
causa de los huracanes en el Caribe cada año.
cino de los Andes, en Chile.
o de los ríos más grandes del mundo.

ma húmedo subtropical es
o caluroso y lluvioso todo el año.
B. caluroso, pero la temporada de lluvias dura sólo una parte del año.
C. parecido al clima de algunas partes del sur de Estados Unidos.
D. el del área llamada Patagonia.

4. El clima en América Latina tiene la influencia de la cercanía con el ecuador,
A. la vegetación y la economía.
B. la altitud y los patrones de viento.
C. la ubicación y la velocidad del viento.
D. los ríos y los desiertos.

5. La cantidad de recursos naturales en América Latina se puede describir como
A. la misma en toda la región.
B. parecida a la de Estados Unidos.
C. un indicio de la diversidad económica de la región.
D. distinta de país a país.

Pregunta de respuesta corta

¿Cómo afecta la geografía física de América Latina a las poblaciones que viven allí?

____

____

____

____

____

Las preguntas al final de cada sección y de cada capítulo te ayudarán a repasar el contenido y a evaluar tu comprensión.

CAPÍTULO 1

Resumen de la Sección 1

¹ América Latina es una región de **variedad** y **contrastes.**

¿Dónde está América Latina?

América Latina está en el Hemisferio Occidental, al sur de Estados Unidos, y se divide en tres regiones más pequeñas, que son: (1) **América Media**; (2) el Caribe y ₅ (3) América del Sur. América del Sur es un continente. ☑

Accidentes geográficos de América Latina

América Media está formada por montañas. Están en ambos lados de ₁₀ la **meseta** central de México. A lo largo de las costas orientales y occidentales de ₁₅ México hay llanuras estrechas. América Central es un **istmo** que une a América del ₂₀ Norte con América del Sur. Con tantas montañas, América Media tiene muchos volcanes activos. Las cenizas de esos volcanes fertilizan el suelo.

₂₅ El Caribe es una región de islas. Algunas de las más pequeñas están formadas por esqueletos de diminutos animales marinos. Estos esqueletos conforman un material rocoso llamado coral. Las islas más grandes son las cimas de volcanes cuya mayor parte está cubierta por el ₃₀ agua del mar. Algunos de estos volcanes aún están activos.

Objetivo de la destreza de lectura

¿Cuál es tu propósito al leer este párrafo?

____

____

Subraya las palabras o frases del párrafo que respondan a la pregunta del encabezado. ¿Cumpliste tu propósito con la lectura de esta parte? ¿Por qué?

____

____

____

✓ Verifica tu lectura

¿Cuáles son las tres regiones que componen América Latina?

1. _______________________

2. _______________________

3. _______________________

Términos clave

América Media *s.* México y América Central
meseta *s.* extensa área plana que está a mayor altitud que el terreno que la rodea
istmo *s.* franja de tierra con agua en ambos lados y que une dos masas de tierra mayores

América del Sur tiene accidentes geográficos muy diversos. Quizás el más impresionante sea el de la Cordillera de los Andes. Los Andes se extienden 5,500 millas (8,900 km) a lo largo de la costa occidental. Aunque los Andes tienen pendientes elevadas, el suelo es fértil y útil para la agricultura. América del Sur también tiene llanuras ondulantes, llamadas tierras altas. Hacia el sur se llaman pampas. En la cuenca del Amazonas está el bosque tropical más grande del mundo. ☑

Vías fluviales en América Latina

En América Latina se encuentran algunos de los cuerpos de agua más extensos y caudalosos del mundo. Estas vías fluviales son importantes para los pueblos de la región. <u>Los ríos son carreteras naturales en lugares donde es difícil construir caminos.</u> Los ríos también proporcionan alimento y energía para la electricidad.

El río Amazonas, en América Latina, es el segundo río más grande del mundo. Recorre una distancia de 4,000 millas (6,437 kilómetros) desde Perú a través de Brasil hasta el Océano Atlántico. Su caudal es mayor que el de cualquier otro río en el mundo. El Amazonas reúne la potencia de más de 1,000 tributarios.

América Latina tiene muchas otras vías fluviales útiles. Los ríos Paraná, Paraguay y Uruguay forman el sistema del Río de la Plata. Es la frontera entre Argentina y Uruguay. En Venezuela, la población aprovecha el río Orinoco y el lago Maracaibo. ☑

Preguntas de repaso

1. ¿Qué clase de accidentes geográficos hay en América Latina?

____

____

2. ¿Por qué son importantes las vías fluviales en América Latina?

____

____

Términos clave

pampas *s.* regiones planas de pastizales en América del Sur
bosque tropical *s.* selva densa, verde durante todo el año, donde llueve mucho
río Amazonas *s.* extenso río al norte de América del Sur
tributario *s.* río o corriente que fluye hacia un río más grande

---

✓ Verifica tu lectura

Describe la cordillera de los Andes.

____

____

____

Estrategia de vocabulario

¿Qué significan las palabras *carreteras naturales* en el enunciado subrayado? Subraya las palabras de las frases o enunciados próximos que te indiquen alguna pista de lo que significan esas palabras.

¿Qué significan las palabras?

____

____

✓ Verifica tu lectura

Encierra en un círculo los nombres de los tres ríos que forman el sistema del Río de la Plata.

¹ Cada ciertos años, América Latina padece climas extraños. En las áreas donde por lo general no llueve, caen fuertes precipitaciones. Las zonas húmedas sufren sequías. La culpa es de El Niño. El Niño consiste en el calentamiento ⁵ del agua del océano a lo largo de la costa occidental de América del Sur. Este calentamiento altera el clima en todo el mundo. El Niño es uno de los diversos factores que afectan el clima en América Latina.

Los climas de América Latina

El clima de América Latina varía mucho de región en región. ¹⁰ La temperatura desciende hasta el punto de congelación en los Andes. En la Cuenca del Amazonas puede alcanzar los 90 °F (32 °C). Algunas zonas de la Cuenca del Amazonas reciben 80 pulgadas (203 cm) de lluvia al año. América Latina también tiene algunos de los lugares más secos de la Tierra. ¹⁵ El clima caribeño es por lo general soleado y caluroso. Pero de junio a noviembre son comunes en la región fuertes tormentas, llamadas huracanes.

Muchas partes de América Latina tienen un clima tropical húmedo. Eso significa un ambiente caluroso, ²⁰ húmedo y lluvioso casi siempre. En otras partes de América Latina se da un clima tropical húmedo y seco. Estas áreas son igual de calurosas, pero la temporada de lluvias es más breve. Algunas partes de México y Brasil, así como la mayoría del Caribe, tienen un clima tropical ²⁵ húmedo y seco. ☑

Gran parte de Argentina, Uruguay y Paraguay tiene un clima húmedo subtropical. Los veranos son calurosos y lluviosos, con inviernos frescos y húmedos. Más al sur está la Patagonia, fresca y seca.

¿Qué factores afectan el clima?

³⁰ Hay tres factores principales que afectan el clima en América Latina. Uno es la **altitud**. Los otros dos factores son la ubicación y los patrones de viento. La tabla al inicio de la página siguiente muestra los efectos de los tres factores.

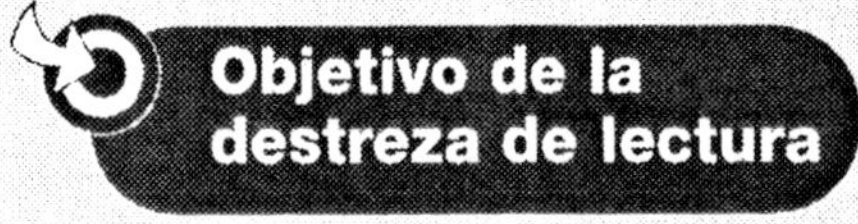

Basándote en lo que has leído hasta ahora, ¿cumpliste ya con el propósito que anotaste antes? Explica tu respuesta.

____

____

____

✓ Verifica tu lectura

Describe un clima tropical húmedo y seco.

____

____

____

Términos clave

El Niño *s.* calentamiento del agua del océano a lo largo de la costa occidental de América del Sur
altitud *s.* altura del suelo sobre el nivel del mar

Causas	Efectos
Altitud	A mayor altitud, menor temperatura
Ubicación	Las regiones cercanas al ecuador por lo general son más calurosas que las que están lejos de él ☑
Patrones de viento	La brisa marina mantiene las temperaturas templadas y produce más lluvia

El clima, las plantas y las personas

El bosque tropical del Amazonas es denso, con miles de
35 especies de plantas. El aire es caliente y húmedo. En cambio, el Desierto de Atacama, en Chile, tiene pocas señales de vida porque es muy seco. Las características físicas de América Latina hacen posible estos extremos en el clima.

Muchas regiones de América Latina tienen climas menos
40 extremos. <u>Hay en ellos diferentes clases de vegetación, es decir, vida vegetal.</u> La temperatura y la precipitación tienen un efecto en el crecimiento de las plantas de una región. También afecta lo que la gente puede cultivar ahí. Por ejemplo, la caña de azúcar, el café y los plátanos necesitan un
45 clima templado y abundantes lluvias. Estos tres cultivos son importantes en América Latina. La economía de muchos países depende de la exportación de estos tres cultivos.

La altitud también afecta a la vegetación. A mayor altitud, el ambiente es más fresco y seco. Las plantas deben ser
50 capaces de sobrevivir en estas condiciones. ☑

Preguntas de repaso

1. ¿Cuáles son los cuatro climas comunes en América Latina?

____

____

2. ¿Cómo afecta el clima a la población y la economía de América Latina?

____

____

Término clave

economía *s.* las formas en que se elaboran los bienes y servicios, y se distribuyen entre la población

✓ Verifica tu lectura

¿Cómo afecta el clima la cercanía con el ecuador?

____

____

Estrategia de vocabulario

Busca la palabra *vegetación* en el enunciado subrayado. Subraya las palabras o frases próximas que indiquen alguna pista del significado de esa palabra.

✓ Verifica tu lectura

Describe cómo afecta la altitud a la vegetación de una región.

____

____

Recursos de América Latina

Los recursos naturales de América Latina son tan variados como su clima. La región es rica en petróleo y gas natural. <u>Hay depósitos de muchos minerales en el subsuelo de América Latina.</u> Las áreas selváticas se extienden por todo México y América del Sur. En México, los árboles se emplean para obtener productos de madera y papel. En América del Sur, los árboles proporcionan madera para la construcción y cocos para la alimentación. Se obtienen importantes medicamentos de las plantas del bosque tropical. ✔

El suelo fértil y el clima benigno de América Latina son perfectos para la agricultura. Ahí se cultiva café, caña de azúcar, plátanos, algodón y cacao, con el que se elabora el chocolate, entre otros. En las costas, la gente cría peces en las aguas de la región.

Las enormes presas en América Central aprovechan la energía del agua para generar **hidroelectricidad**.

Recursos y economía

No todos los países latinoamericanos cuentan con los mismos recursos naturales. Algunos tienen muchos, y otros, escasos. Algunas naciones no tienen el dinero para aprovechar sus recursos.

En ocasiones, la economía de un país depende demasiado de un solo recurso o cultivo. Esto se llama **economía de un solo recurso**. Esta clase de economía genera problemas. Por ejemplo, puede darse una caída del precio que se paga por ese recurso. O el mal clima puede destruir el cultivo principal de un país. Cuando esto sucede, se perjudica la economía completa del país.

Términos clave

recursos naturales *s.* lo que se encuentra en la naturaleza y que la población emplea para satisfacer sus necesidades

hidroelectricidad *s.* electricidad que se genera con corrientes de agua

economía de un solo recurso *s.* economía basada principalmente en un solo recurso o cultivo

---

Estrategia de vocabulario

¿Qué significa la palabra *depósito* en el enunciado subrayado? (Pista: No significa "meter dinero al banco".)

____

____

____

✔ Verifica tu lectura

Encierra en un círculo los nombres de productos de las selvas de América del Sur.

El siguiente gráfico muestra el ciclo de problemas que
30 surgen cuando la economía de un país depende demasiado de un solo recurso.

Problemas de una economía de un solo recurso

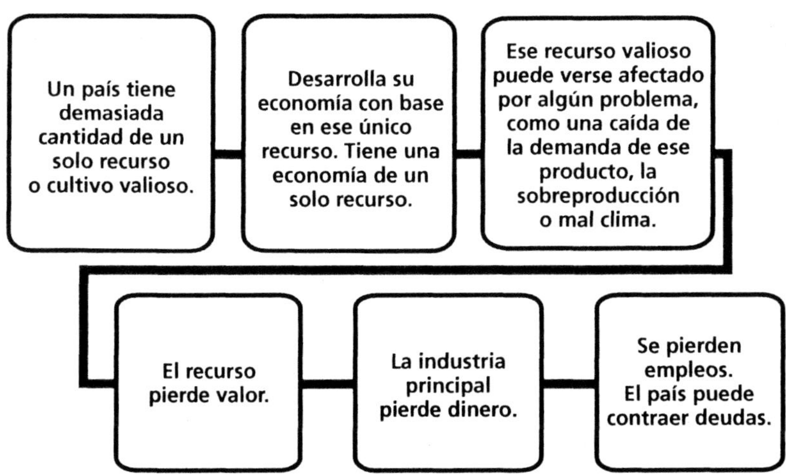

Los países de América Latina tratan de diversificar
sus economías. Muchos fomentan industrias nuevas.
Siembran cultivos más diversos. Por ejemplo, Brasil ha
35 fomentado otras industrias. De esa manera no tiene que
depender tanto de la agricultura. Ahora Brasil exporta
maquinaria, acero y productos químicos. Los gobiernos
latinoamericanos buscan la manera de evitar los riesgos
de una economía de un solo recurso. ☑

Preguntas de repaso

1. ¿Cuáles son algunos recursos naturales de América
   Latina?

   ____

   ____

   ____

2. ¿Por qué es arriesgada la economía de un solo recurso
   para las naciones latinoamericanas?

   ____

   ____

   ____

Término clave

diversificar *v.* añadir clases diferentes de objetos

¿Qué preguntas se te ocurren acerca del gráfico, al ver el encabezado? ¿Responde a tus preguntas el gráfico? ¿Pudiste predecir lo que habría dentro del gráfico?

____

____

____

____

✓ Verifica tu lectura

Encierra en un círculo los artículos con que Brasil intenta diversificar su economía.

1. Las tres regiones geográficas de América Latina son
   A. México, Brasil y Perú.
   B. el Amazonas, los Andes y el sistema del Río de la Plata.
   C. América Media, el Caribe y América del Sur.
   D. el coral, los istmos y los tributarios.

2. El río Amazonas es
   A. el mayor recurso de México.
   B. la causa de los huracanes en el Caribe cada año.
   C. vecino de los Andes, en Chile.
   D. uno de los ríos más grandes del mundo.

3. Un clima húmedo subtropical es
   A. uno caluroso y lluvioso todo el año.
   B. caluroso, pero la temporada de lluvias dura sólo una parte del año.
   C. parecido al clima de algunas partes del sur de Estados Unidos.
   D. el del área llamada Patagonia.

4. El clima en América Latina tiene la influencia de la cercanía con el ecuador,
   A. la vegetación y la economía.
   B. la altitud y los patrones de viento.
   C. la ubicación y la velocidad del viento.
   D. los ríos y los desiertos.

5. La cantidad de recursos naturales en América Latina se puede describir como
   A. la misma en toda la región.
   B. parecida a la de Estados Unidos.
   C. un indicio de la diversidad económica de la región.
   D. distinta de país a país.

Pregunta de respuesta corta

¿Cómo afecta la geografía física de América Latina a las poblaciones que viven allí?

____

____

____

____

____

Los mayas

Los mayas fueron un pueblo antiguo que vivían en América Central y el sur de México. Su civilización duró de 300 d.C. a 900 d.C. Los mayas construyeron grandes ciudades, como Tikal, en lo que hoy es Guatemala, y Copán, hoy Honduras.

A menudo construían grandes templos en el centro de sus ciudades. Las ciudades fungieron como centros económicos, políticos y religiosos. Varias ciudades mayas a menudo guerreaban entre sí.

Los sacerdotes mayas observaban las estrellas y los planetas. Elaboraron dos calendarios. Uno se usaba para decidir las fechas de las celebraciones religiosas. El otro se utilizaba para dividir las estaciones.

Los mayas también inventaron un sistema de escritura llamado jeroglíficos. En los jeroglíficos hay signos y símbolos. Con un sistema de escritura, los mayas pudieron escribir libros.

Los agricultores trabajaban en campos cercanos a las ciudades. Su cultivo más importante era el maíz. También sembraban frijol, calabaza, chile (ají), aguacate y papaya.

Hacia 900 d.C., las ciudades mayas comenzaron a decaer. Nadie sabe por qué. Quizá gran parte de la población murió por alguna guerra, enfermedad, inundación o hambruna. O surgió alguna revuelta para derrocar del poder a los sacerdotes y nobles. Como fuese, muchos mayas permanecieron en el área. Hoy en día viven millones de mayas en México y el norte de América Central. ✓

El imperio azteca

En el siglo XV surgió otra gran civilización en América Media. Fue creada por los aztecas. Llegaron a esa región en el siglo XII. En 1325, los aztecas se establecieron en una isla del lago de Texcoco. Convirtieron ese lago pantanoso en una gran ciudad, llamada Tenochtitlán. Desde ahí gobernaron su imperio.

Estrategia de vocabulario

En los párrafos entre corchetes están los términos clave *jeroglíficos* y *maíz*. Subraya las palabras en los enunciados que te indiquen las definiciones de los términos clave.

✓ Verifica tu lectura

¿Cuáles son algunas razones posibles por las cuales las ciudades mayas comenzaron a decaer?

____

____

Términos clave

jeroglíficos *s.* sistema de escritura que usa figuras y símbolos en lugar de un alfabeto

maíz *s.* mazorca

Tenochtitlán *s.* capital del imperio azteca, en donde hoy es la Ciudad de México

Objetivo de la destreza de lectura

¿Recuerdas la ubicación de Tenochtitlán? Lee el texto de nuevo. Busca lo que se refiera a eso. Subraya la palabra Tenochtitlán todas las veces que aparezca en el resumen.

✓ Verifica tu lectura

¿Cómo se realizaba el comercio en el imperio azteca?

____

____

Los aztecas comenzaron a conquistar a otros pueblos y los obligaban a pagar tributo, o impuestos, lo que enriqueció a los aztecas. Un emperador gobernaba las posesiones aztecas, con ayuda de nobles y sacerdotes. Los soldados entablaban guerras para anexar tierras al imperio. La mayor parte del pueblo del imperio eran agricultores que cultivaban maíz, calabaza y frijol, mediante un sistema de riego. Ganaron tierras de cultivo con la creación de jardines flotantes.

Tenochtitlán era una ciudad fantástica. Tenía templos enormes, mercados concurridos, amplias avenidas y canales, jardines flotantes y un zoológico. El emperador y los nobles vivían en hermosos palacios, con muchos esclavos a su servicio. Los sacerdotes celebraban ceremonias, con sacrificios humanos, para complacer a sus dioses. También usaban un calendario basado en el calendario maya. Igual que los mayas, los aztecas registraban los acontecimientos con jeroglíficos.

Los doctores aztecas elaboraban sus medicinas con plantas. También arreglaban huesos rotos y practicaban la odontología.

Un fuerte ejército protegía las rutas comerciales. Los comerciantes viajaban largas distancias con seguridad. Debido a que los aztecas no tenían animales de tiro para llevar carga, se valían de personas llamadas tamemes. El comercio por lo general se efectuaba mediante trueque. El trueque es el intercambio de bienes por otros bienes, en lugar de pagar con dinero por ellos. ✓

A diferencia de los mayas, los aztecas permanecieron en sus ciudades. Luego, pueblos lejanos los conquistaron.

Preguntas de repaso

1. ¿Qué pasó con los mayas hacia 900 d.C.?

____

____

____

2. Describe brevemente Tenochtitlán.

____

____

____

Resumen de la Sección 2

El ascenso de los incas

Los incas se establecieron primero en Cuzco cerca de 1200 d.C. Cuzco, ciudad ubicada donde hoy es Perú, era una localidad de los Andes. Se convirtió en su capital. La mayoría de los incas eran agricultores que cultivaban maíz y otros granos.

En 1438, Pachacuti era el gobernante de los incas. Conquistó a los pueblos de los Andes y la costa del Pacífico. Su imperio se extendía desde el lago Titicaca, al norte, hasta la ciudad de Quito. Pachacuti exiliaba a los pueblos que no le eran leales. ✔

El hijo de Pachacuti, Topa Inca, se convirtió después en emperador. Expandió el imperio inca hasta tierras donde hoy es Ecuador, Perú, Bolivia, Chile y Argentina.

La civilización inca

El emperador inca elegía con cuidado a los nobles que gobernaban sus provincias. Los nobles levantaban un censo para cobrar impuestos. El gobierno se hacía cargo de los pobres, de los enfermos y de los ancianos.

Sin un idioma escrito, los funcionarios y comerciantes incas usaban quipús para registrar información. Cada quipú constaba de un cordón principal con varias cuerdas de colores atadas a él. Cada color significaba un artículo diferente. Los nudos de distintos tamaños representaban números.

Los incas necesitaba caminos seguros y rápidos para viajar por los agrestes Andes. Construyeron un gran sistema de caminos para gobernar su imperio, en los que había corredores que llevaban mensajes de un lugar a otro. Los ejércitos y comerciantes incas usaban los caminos para viajar con rapidez. Había expertos que construían puentes de cuerdas para cruzar valles profundos o cañones.

Los incas también construyeron canales y acueductos para irrigar la tierra que era árida para la siembra.

Términos clave

Cuzco *s.* capital del imperio inca

Topa Inca *s.* emperador inca que expandió su imperio

censo *s.* conteo oficial de toda la población que vive en un área

quipú *s.* cuerdas con nudos con que los incas registraban información

acueducto *s.* canal por el que pasa el agua desde una fuente distante

---

Estrategia de vocabulario

Busca al menos una palabra en esta sección que sea nueva para ti. Con ayuda del organizador gráfico, averigua lo que significa a partir del contexto. Escríbelo, y da después una definición breve. (Usa una palabra que no sea *quipú*.)

____

____

____

✔ **Verifica tu lectura**

¿Qué hacía Pachacuti con los pueblos que no le eran leales?

____

____

Objetivo de la destreza de lectura

¿Qué significa la palabra *quipú*? Lee más adelante para saber si tu definición es acertada. Subraya la definición.

Los ingenieros incas tenían mucha experiencia en la construcción con rocas. Construyeron ciudades, palacios, tem-
35 plos y fortalezas sin herramientas modernas. Sólo usaron martillos y cinceles para cortar las piedras de manera tan perfecta que se ensamblaban sin necesidad de cemento. Algunos de estos edificios aún están de pie en Perú. Incluso en nuestros días, las piedras ajustan tan bien que no cabe
40 entre ellas una hoja de papel. Las ruinas incas más famosas son *Machu Picchu*. Ahí se ven edificios, escaleras talladas en la montaña y caminos cincelados en las rocas. ☑

Igual que los mayas y los aztecas, los incas adoraban a muchos dioses y practicaban sacrificios humanos. Uno de
45 sus dioses más importantes era el dios sol, Inti. Los incas creían que Inti era su padre. Se llamaban a sí mismos "hijos del sol". Otro dios importante era Viracocha, creador de todos los pueblos de los Andes.

Los quechuas: descendientes de los incas

Los españoles conquistaron el imperio inca en el siglo XVI.
50 Sin embargo, aún viven en Perú, Ecuador, Bolivia, Chile y Colombia descendientes incas. Hablan quechua, el idioma inca. Muchos quechuas viven en las alturas de los Andes. Viven sin muchas cosas de la vida moderna, pero no obstai resienten sus efectos. La mayoría de los quechuas vive de la
55 agricultura, con métodos similares a los de los incas. Tambien tejen lana y tela como lo hacían los incas. Sus telas y su ropa también reflejan su herencia inca. ☑

Preguntas de repaso

1. ¿Dónde y cuándo crearon los incas su imperio?

2. ¿Por qué era importante para los incas tener buenos caminos y puentes?

✓ Verifica tu lectura

Describe las edificaciones incas.

✓ Verifica tu lectura

¿Cómo conservan los quechuas la cultura inca?

La llegada de los europeos a América

En el siglo XV, España y Portugal buscaban nuevas rutas comerciales a Asia. El explorador italiano Cristóbal Colón pensó que podía llegar a Asia navegando hacia el oeste a través del Océano Atlántico. La reina Isabel de España financió el viaje. Colón avistó tierra el 12 de octubre de 1492. Creía que había llegado a las Indias Occidentales, en Asia. Debido a eso, Colón llamó indios a la gente que encontró ahí.

España y Portugal rivalizaron por las tierras descubiertas en América. Después, en 1494, firmaron el Tratado de Tordesillas, mediante el cual se fijaba una línea imaginaria del Polo Norte al Polo Sur. España tenía derecho de establecerse y comerciar al oeste de la línea, y Portugal lo haría al este. ✔

El éxito de los conquistadores

Los gobernantes españoles permitieron que los conquistadores buscaran tesoros y se establecieran en América. Los conquistadores aceptaron dar a España una parte de los tesoros que encontraran.

El conquistador Hernán Cortés fue a México en 1519. Los enemigos de los aztecas ayudaron a Cortés en su ataque a Tenochtitlán y mataron al emperador azteca, Moctezuma. Los aztecas se rindieron en 1521, y España reclamó la región.

Otro conquistador español, Francisco Pizarro, llegó a América del Sur en 1531. Lo acompañaban 180 soldados. Para 1535, Pizarro había conquistado la mayor parte del imperio inca.

En sólo 15 años los españoles vencieron a los dos imperios más grandes de América, y pudieron hacerlo porque tenían mejores armas, como pistolas y cañones. También trajeron consigo enfermedades que aniquilaron casi por completo localidades enteras. ✔

Términos clave

Cristóbal Colón *s.* explorador italiano que partió de España y llegó a las Indias Occidentales en 1492

conquistador *s.* jefe de soldados que reclamaba y gobernaba tierras de América en nombre del gobierno español en el siglo XVI

Hernán Cortés *s.* conquistador de los aztecas

Moctezuma *s.* gobernante azteca

Francisco Pizarro *s.* conquistador de los incas

✔ Verifica tu lectura

¿Por qué España y Portugal eran rivales?

____

____

✔ Verifica tu lectura

¿Cuáles son dos razones por las que los conquistadores pudieron vencer a los aztecas y a los incas?

1. ____________________

____

2. ____________________

____

La Colonia

Empezaron a llegar colonos de Europa hacia lo que hoy es América Latina. La iglesia católica mandó misioneros para que difundieran el cristianismo entre los nativos americanos. 35 Algunos colonos llegaron a trabajar la tierra o en busca de oro y otras riquezas minerales.

España gobernaba la mayor parte de América al sur de lo que hoy es Estados Unidos. El territorio se dividía en <u>provincias</u>. El rey mandaba virreyes para que gobernaran en su nombre. Los recién llegados usaron la fuerza para crear y controlar sus colonias.

Las dos <u>provincias</u> más importantes eran Nueva España y Perú. Las personas que tenían más poder eran las que llegaban de España o las que tenían padres españoles. La gente 45 que descendía de españoles y nativos americanos se llamaba mestizos. Los nativos americanos eran la clase más desamparada.

España concedió encomiendas a sus colonos. Las encomiendas eran el derecho de cobrar impuestos o 50 aprovechar el trabajo de los nativos americanos. Al principio, los nativos americanos se vieron obligados a trabajar sólo en haciendas. Cuando se descubrió la plata, también se les obligó a trabajar en las minas.

Muchos nativos americanos murieron a causa del exceso 55 de trabajo, falta de alimentos y enfermedades. Cuando su población descendió, los españoles empezaron a importar esclavos africanos para que trabajaran en su lugar. ✓

En Brasil, colonia de Portugal, la mayoría de los colonos se quedó en las costas. Como los españoles, dependían de la fuerza 60 laboral de los nativos americanos y los esclavos africanos.

Preguntas de repaso

1. ¿Qué acuerdo establecieron los gobernantes españoles con los conquistadores?

____

____

____

2. ¿Cómo se gobernaba el imperio español?

____

____

____

Términos clave

mestizo *s.* En América Latina, persona con ascendencia española y nativa americana

hacienda *s.* granja o plantación de gran tamaño

Objetivo de la destreza de lectura

Lee con cuidado el párrafo entre corchetes y después escríbelo de nuevo con tus propias palabras.

____

____

____

Estrategia de vocabulario

A partir de las claves de contexto, escribe una definición de la palabra *provincia*, la cual aparece subrayada en dos ocasiones. Encierra en un círculo las palabras o frases del texto que te ayuden a escribir tu definición.

____

____

____

✓ Verifica tu lectura

¿Por qué descendió la población de nativos americanos?

____

____

____

Resumen de la Sección 4

Las semillas de la Revolución

Los pueblos de los países latinoamericanos deseaban ser libres. Se inspiraban en dos revoluciones. Las colonias británicas de América del Norte obtuvieron su libertad de Inglaterra en las décadas de 1770 y 1780. En 1789, el pueblo de Francia se rebeló contra sus gobernantes. ☑

En Haití, los esclavos se rebelaron contra sus amos. Un ex esclavo, Toussaint L'Ouverture, guió a su pueblo en su lucha por la libertad. El pueblo ganó luego de más de 10 años de lucha. En 1804, Haití se convirtió en un país independiente.

Los criollos en América Latina tenían un interés especial en esos acontecimientos, pues no podían acceder a puestos oficiales. Estos puestos sólo eran ocupados por las personas nacidas en España. Muchos criollos tenían educación y riqueza, y les agradaba la idea de la autodeterminación de los pueblos. No obstante, la revuelta esclavista de Haití los asustó. Los criollos querían independizarse de España, pero con el poder para sí.

La independencia de México

La lucha mexicana para independizarse de España comenzó en 1810. La inició Miguel Hidalgo, un cura criollo. Su llamado a la revolución reunió a cerca de 80,000 combatientes. La mayoría de ellos eran mestizos o nativos americanos. El gobierno capturó y fusiló a Hidalgo en 1811. ☑

Agustín de Iturbide se apoderó de la lucha por la libertad. Al igual que Hidalgo, Iturbide también era criollo. Mucha gente acaudalada que temía unirse a Hidalgo confió en Iturbide. Con su apoyo, México obtuvo la independencia en 1821.

Estrategia de vocabulario

La palabra *revolución* es un término clave. Se define en el recuadro al final de la página. Sin embargo, en el contexto hay claves que te ayudarán a averiguar lo que significa la palabra sin consultar la definición. Halla esas claves y subráyalas. Después regístralas en la tabla siguiente.

Palabra	Claves de contexto
revolución	

✓ Verifica tu lectura

¿Qué revoluciones inspiraron las ideas independentistas en América Latina?

____

____

✓ Verifica tu lectura

¿Qué personas componían la mayor parte del ejército de Hidalgo?

____

____

Términos clave

revolución *s.* derrocamiento de un gobierno para el ascenso de otro

Toussaint L'Ouverture *s.* líder de la lucha de independencia de Haití

criollo *s.* persona de padres españoles nacida en América Latina

La independencia de América del Sur

Dos importantes líderes revolucionarios de América del Sur fueron **Simón Bolívar** y **José de San Martín**. Bolívar liberó una amplia zona de América del Sur conocida como la Gran Colombia. Abarcaba lo que hoy es Colombia, Venezuela, Ecuador y Panamá.

San Martín encabezó la lucha por la libertad en Argentina, Chile y Perú. Era un líder audaz y popular. San Martín a menudo sorprendía a los españoles al atacarlos desde el mar o desde los Andes.

Para 1825, los españoles estaban fuera de América del Sur. España conservaba sólo Cuba y Puerto Rico.

Bolívar deseaba hacer de América del Sur un solo país, y la Gran Colombia era el primer paso. Pero América Latina es un territorio muy grande. Está dividido por los Andes y densos bosques tropicales. Otros **caudillos,** o líderes, no querían relacionarse con Bolívar. Bolívar se preocupaba por los pueblos que gobernaba. Otros caudillos sólo querían poder y riqueza. ✓

La colonia de Portugal, Brasil, obtuvo su independencia sin disparar un solo tiro. A principios del siglo XIX, la familia real portuguesa visitó Brasil. Cuando el rey regresó a Europa dejó a su hijo Don Pedro como gobernante de Bra: Don Pedro hizo algo que el rey no esperaba. Declaró la independencia de Brasil en 1822.

Preguntas de repaso

1. ¿Por qué los criollos deseaban la independencia?

____

____

____

2. ¿Cuáles fueron los logros de Bolívar, San Martín y Don Pedro?

____

____

____

Términos clave

Simón Bolívar *s.* líder revolucionario sudamericano
José de San Martín *s.* líder revolucionario sudamericano
caudillo *s.* oficial militar que gobierna un país con mano dura

Un pasado turbulento

Antes de la independencia, América Latina estaba gobernada por naciones europeas. Después de ella, los criollos tenían poder político y los caudillos gobernaban muchos países latinoamericanos. La mayoría de mestizos y nativos americanos seguían siendo pobres. La vida de los libertos no mejoró mucho al abolirse la esclavitud.

Los caudillos a menudo se convirtieron en dictadores. Los dictadores ignoraban las leyes de estas nuevas naciones. Hubo revueltas y algunos dictadores fueron derrocados. Sin embargo, en muchas ocasiones a los dictadores les seguían otros caudillos.

Antes de la independencia, España y Portugal exportaban productos agrícolas y minerales de América Latina. Las colonias tenían que comprar bienes, o importarlos, de los países que los gobernaban. Después de la independencia, quedaron en libertad de comerciar con otras naciones. Estados Unidos se convirtió en un importante socio comercial para América Latina.

Las compañías extranjeras comenzaron a adquirir grandes haciendas y minas en América Latina. Compraron puertos y ferrocarriles para facilitar la extracción de recursos de América Latina. Estados Unidos y otras naciones apoyaban a los gobiernos que ayudaban a estas compañías.

En 1903, Estados Unidos deseaba construir un canal que atravesara Panamá. Panamá era parte de Colombia, y ésta no dio permiso para hacerlo. El presidente de Estados Unidos, Theodore Roosevelt, financió una revuelta del pueblo de Panamá. Una vez independiente Panamá, Estados Unidos obtuvo el permiso para construir el canal. Ahora Estados Unidos tenía un mayor interés en América Latina. En 1904, el presidente Roosevelt declaró que Estados Unidos tenía el derecho de mantener la ley y el orden ahí. También dijo que Estados Unidos obligaría por la fuerza a que las naciones latinoamericanas pagaran su deuda externa. ✓

Objetivo de la destreza de lectura

Lee de nuevo el párrafo entre corchetes de la izquierda. Luego, lee el párrafo entre corchetes siguiente para que veas por qué Estados Unidos intervino en Colombia. Si Colombia hubiese dado permiso para abrir el Canal de Panamá, ¿crees que hoy en día existiría la nación panameña?

____

____

✓ Verifica tu lectura

¿Qué función creía el presidente Roosevelt que debía tener Estados Unidos en América Latina?

____

____

____

Términos clave

dictador *s.* gobernante con poder absoluto

exportar *v.* enviar productos de un país para venderlos en otro

importar *v.* introducir bienes en un país provenientes de otro

deuda externa *s.* dinero que un país debe a otros países

La lucha continúa

A mediados del siglo XX aún había grandes brechas entre los ricos y pobres de América Latina. Algunos grupos deseaban distribuir equitativamente la tierra. Las exigencias de cambios continuaron hasta las décadas de 1960 y 1970. Durante esta época, los regímenes militares se hicieron del poder en muchos países latinoamericanos. Estos regímenes militares gobernaron con crueldad. Controlaban a la prensa y proscribieron los partidos políticos. Incluso asesinaron a personas que se oponían a ellos. Para la década de 1980, algunos de estos regímenes empezaron a ser sustituidos por gobiernos elegidos.

Sin embargo, los problemas económicos de América Latina continuaron. En 1982 cayeron los precios de los productos latinoamericanos, y estos países tuvieron que emplear dinero en cosas que necesitaban. En consecuencia, pidieron 50 todavía más dinero a naciones ricas. Después vieron que debían pedir más préstamos sólo para pagar sus deudas anteriores, o no podrían pagar. Dos organizaciones internacionales intervinieron en favor de los préstamos a México, pero el dinero llegó con condiciones estrictas. ☑

55 Deuda, pérdida de empleos, mayor propiedad extranjera de tierras de cultivo y recortes a programas sociales son factores que generaron muchos problemas en América Latina.

Hoy en día, las naciones latinoamericanas trabajan conjuntamente en organizaciones comerciales. En 1994 entró en 60 vigor el Tratado de Libre Comercio de América del Norte (NAFTA, por sus siglas en inglés). Facilitó el comercio entre México, Estados Unidos y Canadá.

Preguntas de repaso

1. ¿Cómo cambió la economía latinoamericana después de la independencia?

____

____

____

2. ¿Qué clase de problemas enfrentaron las naciones latinoamericanas después de su independencia?

____

____

____

Término clave

régimen *s.* una determinada administración o gobierno

Evaluación del Capítulo 2

1. La civilización maya floreció en
   A. el Valle de México.
   B. América Central y el sur de México.
   C. Cuzco, una localidad de los Andes.
   D. a orillas del lago Titicaca.

2. De los enunciados siguientes, ¿cuál es verdadero respecto del imperio inca?
   A. Tuvo como capital a Tenochtitlán.
   B. Se extendía a lo largo de la costa sudamericana del Pacífico.
   C. Abarcaba lo que hoy es Argentina y Brasil.
   D. Fue conquistado por el líder maya Pachacuti.

3. El Tratado de Tordesillas fue firmado por
   A. Europa y Asia.
   B. los aztecas y los incas.
   C. Cortés y Pizarro.
   D. España y Portugal.

4. Los líderes de la independencia latinoamericana se inspiraron en
   A. las revoluciones de América del Norte y Francia.
   B. las revoluciones de Haití y México.
   C. el gobernante portugués Don Pedro.
   D. los conquistadores.

5. El Tratado de Libre Comercio de América del Norte (NAFTA, por sus siglas en inglés), se creó para
   A. incrementar el comercio entre las naciones de América Latina.
   B. mejorar la economía de las naciones sudamericanas.
   C. facilitar el comercio entre Canadá, México y Estados Unidos.
   D. aumentar el comercio entre las naciones europeas y México.

Pregunta de respuesta corta

¿En qué se parecían las civilizaciones azteca e inca?

____

____

____

____

____

Estrategia de vocabulario

En esta sección aparecen dos nuevas palabras. Búscalas en el texto y enciérralas en un círculo. Escribe esas palabras y sus definiciones en las siguientes líneas.

____

____

____

____

✓ Verifica tu lectura

Menciona dos formas en que la gente combate la pobreza y la injusticia.

1. _______________________

2. _______________________

---

1   América Media se compone de México y siete naciones de América Central. Gran parte de la población en América Media son **campesinos**. En su mayoría carecen de tierra, o si la tienen, es muy poca. Debido a esto, 5 se les dificulta mantener a sus familias.

Herencia cultural

Muchas personas en América Latina son mestizos. Eso significa que descienden tanto de españoles como de **indígenas**. En Honduras, la mayoría de la población es mestiza. Los indígenas de América Latina también 10 reciben el nombre de nativos americanos o indios. En Guatemala, la mayoría son indígenas. En Costa Rica, la mayoría desciende de españoles. En Belice, más de 40 por ciento de la población tiene ancestros africanos.

   El español es el idioma principal en la mayoría de los 15 países de América Central. Sin embargo, muchos pueblos indígenas conservan sus propios lenguajes y la gente de Belice habla inglés.

   El arte de América Central refleja su historia. Antes que llegaran los europeos, los indígenas crearon mucho 20 tipos de arte. Las obras de arte recientes se basan en estas tradiciones.

   La religión es importante para los pueblos de América Media. Los colonos españoles eran católicos romanos. Los misioneros españoles convirtieron a muchos nativos ameri- 25 canos. Hoy en día, la mayor parte de la población es católica. Sin embargo, los nativos americanos mezclaron sus religiones con el cristianismo.

   Los sacerdotes y obispos católicos denunciaron las injusticias en América Media. Hay injusticia cuando no se 30 respetan los derechos de las personas. De igual forma la gente común trabaja para acabar con la pobreza y la injusticia construyendo clínicas de salud, granjas y organizaciones. ✓

Términos clave

campesino *s.* trabajador agrícola latinoamericano pobre
indígenas *s.* personas que descienden de los pueblos que habitaron primero en una región

Abandono del campo

La población de América Media crece con rapidez. Esto dificulta que los jóvenes encuentren empleo en el campo. Muchos se van de sus hogares para buscar trabajo en las ciudades. Hoy en día, la mayoría de la población en América Media vive en ciudades.

40 En México, algunas personas se mudaron hacia las localidades cercanas a la frontera con Estados Unidos para trabajar en fábricas conocidas como maquiladoras. Estas fábricas pertenecen a compañías estadounidenses. Muchas compañías estadounidenses establecieron fábricas en México porque los costos son más bajos ahí. En estas fábricas, los tra-
45 bajadores mexicanos ensamblan partes para productos que salen de México.

Las ciudades de América Media también ofrecen empleo. Como resultado, las ciudades crecieron con rapidez. La gente acaudalada de las ciudades vive como la gente acaudalada en
50 Estados Unidos. Pero la vida en las ciudades es difícil para los pobres. No hay suficiente espacio para vivir. No es fácil hallar trabajo. Es difícil mantener a una familia con los bajos salarios que ganan los pobres. Sin embargo, las escuelas son mejores en las ciudades que en las zonas rurales de México.

55 Mucha gente de América Media se muda a ciudades si no puede hallar empleo. Sin embargo, miles de personas emigran a Estados Unidos para encontrar trabajo. Muchos inmigrantes desean regresar a sus hogares después de ganar algún dinero para ayudar a sus familias. ✔

Preguntas de repaso

1. ¿Cuáles son los principales idiomas y religiones de la población de América Media?

____

____

____

2. ¿Cuál es una razón de que la población de las áreas rurales de América Media se mude a las ciudades?

____

____

____

Objetivo de la destreza de lectura

En el párrafo entre corchetes hay una relación de causa y efecto. Identifica esta relación al contestar estas preguntas.

¿Qué es lo que dificulta que los jóvenes encuentren empleo en el campo?

Causa: _________________________

____

¿Cuál es el resultado de este desempleo?

Efecto: _________________________

____

✓ Verifica tu lectura

¿Por qué tantos mexicanos se mudan a Estados Unidos?

____

____

Términos clave

maquiladora *s.* fábrica mexicana que elabora productos que se envían fuera del país

emigrar *v.* abandonar un país para establecerse en otro

inmigrante *s.* persona que llega a un país extranjero para vivir ahí

Los pueblos del Caribe

Cuando llegó Cristóbal Colón al Caribe, pensó que había llegado a las Indias, en Asia. Llamó indios a la gente que encontró. Hoy en día, las islas del Caribe en ocasiones se denominan **Indias Occidentales.** Hay más de una docena de naciones distintas en esta región y también muchos pueblos y culturas. ✓

El Caribe recibe su nombre del pueblo caribe. Llegaron cerca del año 1000 d.C. Sin embargo, no fueron los primeros pobladores de las islas. Los ciboney habían vivido allí durante miles de años. Los araucanos llegaron cerca del año 300 a.C. Los nativos americanos que vivían en las islas fueron esclavizados por los españoles. La mayoría de ellos murió a causa del exceso de trabajo o de las enfermedades que los españoles les transmitieron.

A los españoles siguieron otros europeos. En el siglo XVII, colonos holandeses, franceses e ingleses comenzaron a reclamar territorios en el Caribe. Los colonos europeos construyeron grandes plantaciones de azúcar y llevaron a esclavos africanos para que trabajaran en ellas. La mayoría de los caribeños hoy en día descienden de africanos. Sin embargo entre los **grupos étnicos** caribeños hay nativos americanos, africanos, europeos, chinos, indios y personas del Cercano Oriente.

Se hablan varios idiomas europeos en el Caribe. El idioma de una isla depende de su historia. Los idiomas pueden ser una mezcla de idiomas europeos y africanos.

La mayoría de las Indias Occidentales son cristianas. Hay también pequeños grupos de hindúes, musulmanes y judíos. Algunos pueblos practican religiones tradicionales africanas.

Mezcla de culturas

La cultura caribeña es reconocida por su variedad. La gente disfruta de muchas clases de música y bailes. También practican diversos deportes. Son populares el béisbol, el fútbol y el atletismo. En algunas islas también se juega el criquet. El criquet es un deporte británico parecido al béisbol.

✓ Verifica tu lectura

¿Por qué a las islas del Caribe en ocasiones se les llama Indias Occidentales?

____

____

____

Objetivo de la destreza de lectura

Quedan muy pocos nativos americanos en las islas del Caribe. Encierra en un círculo las causas de este efecto en el párrafo entre corchetes.

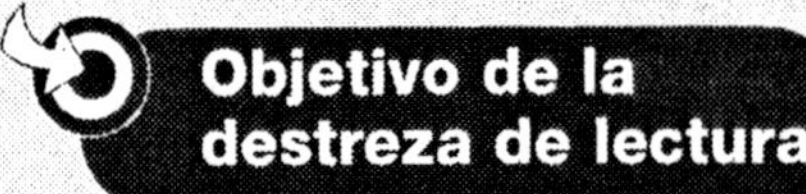

Términos clave

Indias Occidentales *s.* las islas del Caribe

grupo étnico *s.* grupo de personas que comparte ancestros, idioma, religión y tradiciones culturales

Mucha gente en el Caribe observa la cuaresma, el perio-
35 do de 40 días antes de la Pascua. La cuaresma es una época
solemne. Antes de que empiece la cuaresma se celebra en
casi todas las islas el **Carnaval.** Entre las celebraciones del
Carnaval se incluyen disfraces, desfiles, música y baile.

La comida caribeña aprovecha los ricos recursos natu-
40 rales de la región, como mariscos y frutas tropicales. La
gente de culturas distintas disfruta diferentes clases de
comida. La tabla siguiente muestra algunos ejemplos.

País	Comida
Barbados	pez vela, huevos de erizo de mar
Indias Occidentales	curry, salchichas, platillos chinos

La música caribeña tiene raíces tanto africanas como
europeas. El calipso es una clase de canción. Emplea
letras humorísticas y tiene un ritmo distintivo. El reggae
proviene de Jamaica, y tiene un ritmo fuerte. Sus letras a
menudo abordan temas políticos. Los músicos caribeños
a menudo tocan tambores de metal, hechos de barriles
de petróleo reciclados. Las distintas partes del barril
producen notas diferentes. ✓

Preguntas de repaso

1. ¿Cuáles son tres grupos que ya se habían establecido
en el Caribe antes de la llegada de Colón?

____

____

____

2. ¿Por qué hoy en día se hablan varios idiomas en las
Indias Occidentales?

____

____

____

Término clave

Carnaval *s.* celebración anual antes de la cuaresma en América
Latina

Estrategia de vocabulario

En el párrafo entre corchetes hay dos palabras caribeñas que se usan en inglés y en español. Cada una designa un estilo musical. Enciérralas en un círculo.

✓ Verifica tu lectura

Describe dos tipos de música caribeña.

____

____

Resumen de la Sección 3

El pueblo de América del Sur

¹ En su mayor parte, América del Sur estuvo alguna vez bajo el dominio español. Muchos sudamericanos hablan español y son católicos. Hay cuatro regiones culturales en América del Sur.

La primera se encuentra en el norte, junto al Mar Caribe. Colombia y Venezuela fueron colonias españolas. Su idioma oficial es el español. Su población es sobre todo mestiza y católica romana. Guyana fue una colonia inglesa. Su idioma oficial es el inglés. Surinam fue una colonia holandesa, por lo que su población habla holandés. Tanto en Guyana como en Surinam mucha gente es musulmana o hindú. La Guayana Francesa aún forma parte de Francia. Su idioma oficial es el francés. Gran parte de su población tiene ascendencia africana y europea.

La segunda región cultural es muy distinta de la primera. La conforman Perú, Ecuador y Bolivia, que son países andinos. Muchos nativos americanos viven en las partes altas de los Andes. Bolivia tiene mayor población indígena que mestiza. Los quechuas y los aymaras habla sus propios idiomas, y conservan sus tradiciones ancestrales.

La tercera región se compone de Chile, Argentina, Paraguay y Uruguay. El pueblo chileno es, en su mayoría, mestizo. Muchos grupos étnicos viven en las grandes ciudades de Argentina y Uruguay. Esta región incluye las pampas, o llanuras, de Argentina. Las pampas son el hogar de los vaqueros argentinos, llamados **gauchos**.

La cuarta región es Brasil, el país más grande de América del Sur. Estuvo dominado por Portugal. Su pueblo habla portugués. Hay muchas culturas en Brasil. Hay nativos americanos y también pueblos de ascendencia africana, europea y algunos tienen ascendencia mixta.

Las mujeres en América del Sur exigen igualdad de derechos. Desean igualdad en educación, empleo y seguro médico. También quieren tener representantes en el gobierno. ✓

Objetivo de la destreza de lectura

¿Cuáles son dos efectos de la colonización española que se describen en el primer párrafo? Pista: Pregúntate "¿Qué pasó en América del Sur como resultado del dominio español?"

1. ______________________________

2. ______________________________

✓ Verifica tu lectura

¿Cuáles son los derechos que exigen las mujeres?

____

____

Término clave

gauchos *s.* vaqueros de las pampas de Argentina

La vida en el campo y en la ciudad

América del Sur tiene ciudades con gran población, pero también tiene extensas áreas en las que casi no hay gente.

Excepto Chile, Argentina y Uruguay, la mayoría de la población rural que es propietaria de tierras practica la **agricultura de subsistencia.** Hay granjas muy grandes que siembran para exportar a otros países. Los principales **cultivos para comercialización** de América del Sur son café, azúcar, cacao y plátano. Se usa tanta tierra para los cultivos de comercialización que América del Sur tiene que importar mucho alimento para que consuma su población.

Los colonos españoles fundaron muchas de las principales ciudades de América del Sur. La arquitectura es de estilo español. Algunos edificios tienen un diseño nativo americano. También hay edificios modernos de oficinas y vivienda en muchas ciudades. Brasilia, la capital de Brasil, es una ciudad totalmente planificada. Se construyó en la década de 1950 para que la gente de la costa se mudara al interior. ✓

La población de América del Sur crece con rapidez. La gente no encuentra trabajo en las áreas rurales. Se van a las ciudades, y a menudo terminan en vecindarios pobres. Son tantas las personas que van a las ciudades que es casi imposible proporcionar electricidad y agua a todas. Crecen barriadas en muchas ciudades sudamericanas. En Brasil se llaman *favelas* y en Venezuela, *ranchos.*

Preguntas de repaso

1. Describe dos distintas clases de agricultura en América del Sur.

____

____

____

2. ¿De qué manera la migración hacia las ciudades de las personas del campo dificulta proporcionar servicios en las ciudades?

____

____

____

Términos clave

agricultura de subsistencia *s.* sembrar sólo lo suficiente para cubrir las necesidades de la familia del agricultor

cultivos para comercialización *s.* cultivo que se produce principalmente para venderse y no para el consumo del agricultor

¿Qué clase de edificios hay en las ciudades de América del Sur?

____

____

____

Estrategia de vocabulario

Cuando uses palabras de otro idioma o país, es importante que conozcas con exactitud lo que significan. En el párrafo entre corchetes se usa la palabra *ranchos* de manera distinta a como estás acostumbrado. En las líneas siguientes escribe el significado de *ranchos* que le dan en Venezuela.

____

____

____

1. Muchos ciudadanos de América Latina son
    A. de África.
    B. nativos americanos.
    C. mestizos.
    D. todo lo anterior.

2. El pueblo de Belice habla
    A. español.
    B. inglés.
    C. portugués.
    D. latín.

3. Muchos nativos americanos murieron en el Caribe a causa de
    A. los matrimonios mixtos.
    B. la modernización.
    C. la diversidad étnica.
    D. exceso de trabajo y enfermedades.

4. La mayor parte de América del Sur estuvo dominada por
    A. España.
    B. Francia.
    C. Inglaterra.
    D. Italia.

5. Los principales cultivos para comercialización de América del Sur son
    A. café y azúcar.
    B. algodón.
    C. manzanas y duraznos.
    D. aguacates y mandarinas.

Pregunta de respuesta corta

¿Cuáles son algunos de los efectos del rápido crecimiento de la población en
América Latina?

____

____

____

____

____

Resumen de la Sección 1

La vida en el México rural

La mayor parte de las familias campesinas en México son pobres. Algunas cultivan sus propios alimentos en sus parcelas. A menudo lo hacen de forma manual. Otros campesinos no poseen tierras. Son trabajadores migrantes. Trabajan en granjas de gran tamaño que pertenecen a terratenientes acaudalados. Los trabajadores migrantes viajan de un área a otra, recogiendo cosechas por temporada.

La mejor tierra de cultivo en México está en la parte sur de la meseta mexicana. Ahí la vida poco ha cambiado durante los últimos años. En el centro de la mayoría de estas poblaciones hay una explanada pública llamada plaza. Allí se instala el mercado de la localidad. Cuando los campesinos cosechan más de lo que necesitan, lo venden en ese mercado. Compran casi todo lo que necesitan en ese mercado. ☑

La migración a la Ciudad de México

La población de México crece con rapidez. No hay suficiente trabajo en el campo para tanta gente. Muchos campesinos van a la ciudad porque no encuentran trabajo en el campo. Llegan con la esperanza de una vida mejor para ellos y sus hijos.

Mucha de la gente pobre que va a la Ciudad de México no tiene dinero para construir una casa de ladrillo. A menudo se convierten en paracaidistas. Construyen casas temporales en terrenos que no les pertenecen. Los paracaidistas esperan comprar los terrenos al gobierno para construir casas permanentes.

Incluso en la Ciudad de México es difícil hallar empleo. A veces los jefes de familia van a Estados Unidos a trabajar. Muchos de ellos envían dinero cada mes. Los hijos pueden pasarse meses sin ver a sus padres, y quizá tengan que aceptar trabajos mal pagados para ayudar a la familia. ☑

Términos clave

trabajador migrante *s.* trabajador que viaja de un área a otra, recogiendo cosechas de temporada

plaza *s.* explanada pública en el centro de una población, localidad o ciudad

paracaidista *s.* persona que se establece en terrenos ajenos sin permiso

---

✓ Verifica tu lectura

Describe una población rural mexicana.

____

____

____

✓ Verifica tu lectura

¿Cómo vive la gente pobre en la Ciudad de México?

____

____

____

Oportunidades y retos

La Ciudad de México se construyó sobre Tenochtitlán, la capital azteca. Hoy es la capital de la moderna nación de México. En el año 2000 vivían en la Ciudad de México casi 20 millones de personas, y esta cantidad va en aumento. Es una de las ciudades más grandes del mundo.

Hay en la Ciudad de México modernos rascacielos y también áreas más antiguas, históricas. En las calles y avenidas hay mucho tráfico. Hay pequeños vecindarios donde vive la gente muy rica. Pero, la mayoría de los habitantes de esta ciudad no son ricos. La gente más pobre vive en las afueras de la ciudad. Algunas de estas personas viajan varias horas al día para llegar a sus trabajos.

Debido al rápido crecimiento de la población, muchas de las principales ciudades de México enfrentan problemas. Las calles están llenas de vehículos. El aire está contaminado con humo de autos y fábricas. Las montañas que rodean la Ciudad de México impiden que la contaminación se disperse. La ciudad está agotando sus reservas de agua potable.

Aun así, hay muchas maneras de ganarse la vida en las grandes ciudades. Millones de personas trabajan en fábricas y oficinas. Miles más venden mercancía en puestos ambulantes. Los vendedores ambulantes son parte importante de la vida citadina.

En 1994 se firmó el Tratado de Libre Comercio de América del Norte, o <u>NAFTA</u> (por sus siglas en inglés). Facilita el comercio entre Canadá, Estados Unidos y México. Ha significado tanto beneficios como desventajas para México.

En el año 2000 Vicente Fox fue elegido presidente de México. Antes de eso, un partido político gobernó México durante 71 años. Fox compitió contra ese partido. Fortaleció la relación de México con Estados Unidos. ✔

Preguntas de repaso

1. ¿Por qué tantos campesinos mexicanos se van a las ciudades?

____

____

____

2. ¿Cuáles son las causas de la contaminación en la Ciudad de México?

____

____

____

Estrategia de vocabulario

En el párrafo entre corchetes, encierra en un círculo las palabras o frases que indiquen una comparación.

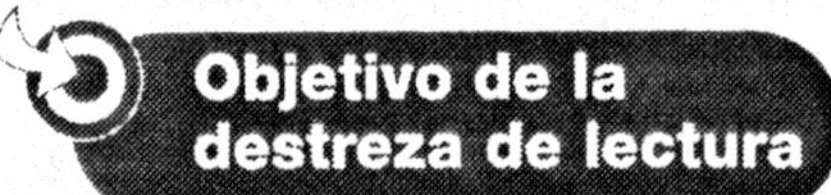

Objetivo de la destreza de lectura

¿Qué es el NAFTA? Busca las palabras o frases que expliquen lo que es el NAFTA y enciérralas en un círculo.

✔ Verifica tu lectura

¿Qué cambios ha sufrido México durante las pasadas décadas?

____

____

____

Resumen de la Sección 2

Los nativos americanos conforman la mayoría de la población de Guatemala. Abarcan 23 grupos étnicos. El mayor es el quiché-maya. Muchos nativos americanos son muy pobres y luchan para sobrevivir.

La lucha por la tierra

La mayor parte de la tierra en Guatemala es de unas cuantas familias ricas. A estos terratenientes ricos se les conoce como ladinos.

Casi todos los mayas viven en las montañas. Viven ahí porque durante mucho tiempo fue la única tierra disponible para los nativos americanos. Es difícil sembrar algo en esta tierra. El suelo no es fértil, y la erosión dificulta aún más la agricultura. ✓

Los nativos americanos cultivan maíz, frijol y calabaza en sus pequeñas parcelas. En contraste, las mejores tierras están en las haciendas, donde se cultiva para la exportación. En las haciendas se cultiva café, algodón, caña de azúcar y plátano. Desde la década de 1930, muchos grupos políticos han intentado aplicar una reforma agraria. Los terratenientes acaudalados están en contra de esta reforma. Las disputas entre los partidarios de la reforma y los opositores a ella han originado violencia y guerras civiles.

Los mayas pierden sus tierras

Los mayas de Guatemala han enfrentado muchos desafíos. Los nativos americanos tienen poco poder político y económico. Los mayas se consideran mayas más que guatemaltecos. La mayoría de los nativos americanos en Guatemala no sabe leer ni escribir. Es por esto que los mayas no tienen documentos archivados en oficinas del gobierno para demostrar la posesión de su tierra.

✓ Verifica tu lectura

¿Cómo está distribuida la tierra en Guatemala?

____

____

____

Objetivo de la destreza de lectura

Si no recuerdas lo que es una hacienda, piensa en estas claves de contexto: Una hacienda es "donde se cultiva para exportar". Las haciendas también son lo opuesto a las parcelas pequeñas. Por tanto, una hacienda es

_______________________________.

Términos clave

ladino *s.* mestizo o persona de ascendencia española y nativa americana en Guatemala

reforma agraria *s.* acciones para lograr una distribución justa y equitativa de la tierra

✓ Verifica tu lectura

¿Qué les pasó a los mayas durante la guerra civil?

____

____

____

Estrategia de vocabulario

En el párrafo entre corchetes, encierra en un círculo las palabras o frases que indiquen un contraste.

✓ Verifica tu lectura

¿De qué manera los movimientos políticos en Guatemala trataron de ayudar a los mayas?

____

____

30 Desde más o menos 1960 se libró una guerra civil en Guatemala, es decir, por más de 30 años. Murieron miles de personas. En cientos de aldeas, los soldados obligaron a los mayas a abandonar sus tierras. Muchos mayas perdieron todo. Algunos tuvieron que salir del país. ☑

Trabajar por una vida mejor

Aunque muchos mayas abandonaron Guatemala a causa de la guerra civil, otros se quedaron. Algunos de éstos comenzaron **movimientos políticos**.

Estos movimientos trabajan para combatir la pobreza y hacer valer los derechos humanos de los mayas. Ayudan a las aldeas a planear su propia protección. Enseñan a la gente la historia de su tierra, así como a leer. Ayudan a organizar reuniones, protestas y **huelgas**. Y lo más importante, estos movimientos políticos defienden los derechos de los nativos americanos sobre sus tierras. Como resultado de estas acciones, los mayas tienen más influencia en el gobierno de la que antes tenían. ☑

Se firmó el término de la guerra civil en 1996. El gobierno prometió reconstruir las aldeas mayas. Sin embargo, esto no se ha cumplido del todo. Las violaciones de los derechos humanos por parte del gobierno aumentaron durante el año 2000, lo que dio origen a nuevas protestas.

Preguntas de repaso

1. ¿Cómo se aprovecha la tierra en Guatemala?

____

____

____

2. ¿Cuáles son dos razones por las que los mayas perdieron sus tierras?

____

____

____

Términos clave

movimiento político s. grupo grande de personas que trabajan juntas para lograr un cambio político

huelga s. negarse a trabajar hasta que se cumplan las peticiones de los trabajadores

---

¿Por qué construir un canal?

El Canal de Panamá es un atajo a través del istmo de Panamá.

Es la única manera de llegar al Océano Atlántico desde el Océano Pacífico en barco sin rodear América del Sur. Recorta 7,800 millas (12,553 kilómetros) de viaje, lo que ahorra tiempo y dinero.

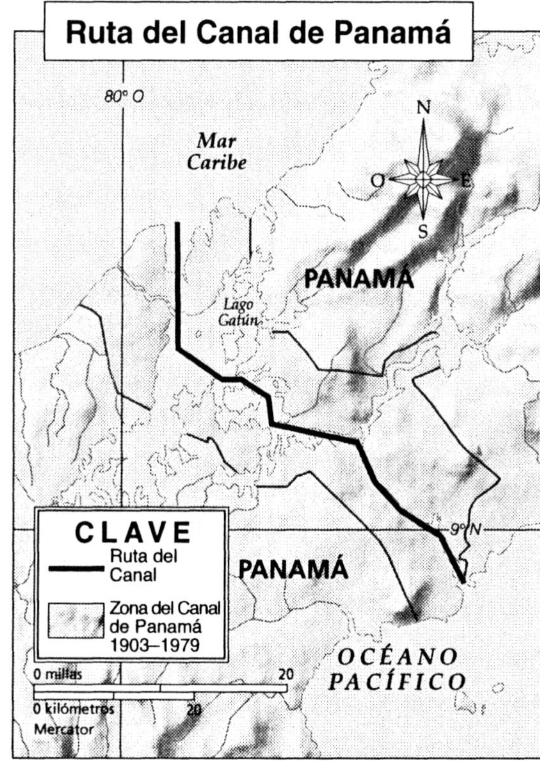

El presidente Theodore Roosevelt pensó que un canal era importante para Estados Unidos. Aceleraría el comercio entre las costas del Pacífico y del Atlántico. También permitiría el paso rápido de la marina estadounidense en caso de guerra. Sin embargo, Colombia no permitía que Estados Unidos construyera el canal.

Los empresarios panameños pensaban que el canal sería bueno para la economía local. También, muchos panameños deseaban liberarse de Colombia. Vieron en el canal una oportunidad para su independencia. ✓

Debido a esto, Estados Unidos ayudó a Panamá en una revolución contra Colombia en noviembre de 1903. Por su parte, Panamá dio permiso a Estados Unidos de construir el canal.

✓ Verifica tu lectura

¿Por qué los panameños querían un canal?

____

____

____

Estrategia de vocabulario

En el párrafo entre corchetes, encierra en un círculo las palabras que indiquen una causa o un efecto.

Término clave

Canal de Panamá *s.* canal navegable a través del Istmo de Panamá, que une al Océano Atlántico con el Pacífico

Sabes que "estancado" quiere decir que "algo no se mueve". Lee de nuevo el enunciado subrayado. Con lo que sabes de la palabra *estancado* infiere lo que significa "agua estancada".

____

____

____

✓ Verifica tu lectura

¿Cómo se deshicieron de los mosquitos los obreros?

____

____

____

✓ Verifica tu lectura

¿Por qué es importante hoy en día el Canal de Panamá?

____

____

La construcción del canal: una tarea heroica

Los estadounidenses tuvieron que diseñar y construir esclusas para elevar y disminuir el nivel del agua y permitir así que los barcos pasaran de un océano a otro. El mayor problema fueron las enfermedades. Miles de obreros murieron a causa de la malaria y la fiebre amarilla.

En el siglo XX los doctores descubrieron que los mosquitos transmitían enfermedades. Para matar los mosquitos, los obreros quemaron azufre en todas las casas. <u>Los mosquitos se crían en agua estancada, por lo que se cubrieron los pantanos con tierra.</u> La construcción del Canal de Panamá tardó ocho años y se necesitaron 70,000 obreros. ✓

Panamá y su canal

Estados Unidos y Panamá firmaron un tratado que dio a Estados Unidos el derecho perpetuo de controlar el canal y la Zona del Canal.

Panamá pensaba que Estados Unidos tenía demasiado poder en su país. En 1977 Estados Unidos dio a Panamá un mayor control sobre el canal. Por fin Panamá tomó el control completo del canal en 1999.

El Canal de Panamá es muy importante. Hizo de Panamá un centro de comercio, bancario y financiero. ✓

El turismo también es importante. Muchos turistas van a Panamá a ver el canal. También visitan sus bosques tropicales. Panamá promueve el ecoturismo. Los ecoturistas van a disfrutar de las plantas y animales del bosque tropical.

Preguntas de repaso

1. ¿Cuáles son los beneficios del Canal de Panamá?

____

____

2. ¿Qué dificultades enfrentaron los constructores del canal?

____

____

Términos clave

esclusa *s.* una sección de un canal de navegación donde el nivel del agua se puede bajar o subir

Zona del Canal *s.* franja de 10 millas (17 kilómetros) de tierra a lo largo del Canal de Panamá, al principio bajo el control de Estados Unidos

ecoturismo *s.* viaje por áreas vírgenes para aprender sobre el medio ambiente

1. Las personas que viajan de un área a otra para recoger cosechas se conocen como
   A. paracaidistas.
   B. trabajadores migrantes.
   C. maquiladoras.
   D. inmigrantes.

2. Las montañas que rodean la Ciudad de México causan que tenga problemas de
   A. desempleo.
   B. vivienda.
   C. contaminación.
   D. tráfico.

3. La mayor parte de la tierra en Guatemala pertenece a
   A. los quiché-mayas.
   B. los nativos americanos.
   C. los ladinos.
   D. el ejército guatemalteco.

4. ¿Qué país construyó el Canal de Panamá?
   A. Estados Unidos
   B. Francia
   C. Panamá
   D. Colombia

5. ¿Quién controla hoy en día el Canal de Panamá?
   A. Estados Unidos
   B. el NAFTA
   C. Panamá
   D. Colombia

Pregunta de respuesta corta

¿En qué ayudan los movimientos políticos de Guatemala a los mayas?

____

____

____

____

CAPÍTULO 5

Resumen de la Sección 1

La historia de Cuba

1 Aunque es una pequeña nación isleña, Cuba tiene muchas ventajas. Tiene tierra fértil y excelentes puertos. Además, la ubicación de Cuba la convierte en un lugar conveniente para el comercio.

5 En 1898, Cuba obtuvo su independencia de España. Con sus <u>plantaciones</u> de azúcar y el turismo, Cuba se convirtió en el país más rico del Caribe. Muchos cubanos estudiaron para maestros, doctores y abogados.

Pero no todos los cubanos se enriquecieron. A los 10 obreros y agricultores se les pagaba muy poco. Cuba también tuvo <u>dictadores</u> crueles. En 1959, un grupo encabezado por **Fidel Castro** derrocó al gobierno. Castro aún está en el poder hoy en día. Su gobierno es <u>comunista</u>. Tanto los negocios como la tierra son propiedad del gobierno de 15 Castro. Todo el que no estuviera de acuerdo con Castro iba a prisión. Muchos cubanos huyeron de la isla.

Algunos aspectos mejoraron con el **comunismo**. Muchos cubanos eran **analfabetos**. Castro envió maestros al campo. Hoy en día casi todos los cubanos saben leer y 20 escribir. El gobierno también proporciona atención médica gratuita para todos.

Cuba fue un **aliado** de la Unión Soviética. La Unión Soviética era el país comunista más <u>poderoso</u> del mundo. La Unión Soviética quería extender el comunismo en todo 25 el mundo. Los soviéticos enviaban dinero y provisiones a Cuba.

En 1962, Estados Unidos descubrió que los soviéticos estaban construyendo bases de misiles en Cuba. El presidente Kennedy exigió que se retiraran los misiles. Dicha 30 demanda provocó la Crisis de los Misiles Cubanos. Los soviéticos aceptaron retirar los misiles si Estados Unidos prometía no invadir Cuba. ☑

Objetivo de la destreza de lectura

¿Cuál es la idea principal del primer párrafo? Subraya el enunciado que lo diga mejor.

Estrategia de vocabulario

Cada una de las palabras subrayadas a la derecha tiene una raíz. Encierra en un círculo la raíz que encuentres en estas palabras. La raíz de la primera, "plantaciones", es "plant".

✓ Verifica tu lectura

¿Qué fue la Crisis de los Misiles Cubanos?

____

____

____

Términos clave

Fidel Castro *s.* líder de Cuba

comunismo *s.* sistema económico en el que el gobierno es propietario de los negocios y la tierra

analfabeto *adj.* persona que no sabe leer y escribir

aliado *s.* país que se une a otro con un propósito común

Los exiliados cubanos

Después de que Castro llegó al poder, muchos cubanos comenzaron a abandonar su país. Se convirtieron en
35 exiliados. Muchos cubanos vinieron a Estados Unidos. A menudo dejaron a sus familiares. Muchos exiliados desean regresar a Cuba cuando ya no sea un país comunista.

Una gran cantidad de exiliados se estableció en
40 Miami, Florida. En el vecindario cubano La Pequeña Habana conservan su idioma y su cultura. Al mismo tiempo se han convertido en parte importante de la vida en Miami y del estado de Florida. ☑

El gobierno de la Unión Soviética se colapsó en 1991.
45 Ya no pudo ayudar a Cuba. Hubo escasez de alimentos, medicinas, herramientas y otras provisiones en Cuba. Algunas familias sólo comían arroz. Conforme la vida en Cuba se hacía cada vez más difícil, más personas deseaban salir de la isla.

Llegan cambios a Cuba

50 En la década de 1990 Castro trató de aliviar la situación y permitió que la gente abriera comercios. El gobierno cubano comenzó a fomentar el turismo. Al mismo tiempo, Estados Unidos permitió que viajara más gente a Cuba. La economía cubana está mejorando. Los exiliados
55 cubanos esperan visitar Cuba cuando Fidel Castro se haya ido. ☑

Preguntas de repaso

1. ¿Cómo llegó Castro al poder en Cuba?

____

____

____

2. ¿Qué función desempeñaba la Unión Soviética en Cuba?

____

____

____

> **Término clave**
>
> **exiliado** *s.* persona que abandona su país natal y se va a otro país, a menudo por razones políticas

¿Cómo es la vida para los exiliados cubanos que viven en Miami, Florida?

¿Qué cambios hizo Castro en la década de 1990?

La democracia en peligro

1   La historia de Haití ha sido la de una larga lucha por la democracia. Esta lucha ha generado violencia y desastres económicos para la nación. La gente adinerada en Haití se ha esforzado por conservar el control del país. Aún así, René
5   Préval fue elegido <u>democráticamente</u> como presidente en 2006. Muchas personas de escasos recursos lo apoyaban.

El presidente anterior, Jean-Bertrand Aristide, había sido depuesto en 2004. Aristide fue elegido presidente en 1990. En unos cuantos meses, fue obligado a abandonar el país. El
10   ejército también atacó a sus partidarios. Miles de partidarios de Aristide huyeron de Haití por mar. Se les conocía como los balseros haitianos. Muchos de estos refugiados se dirigieron a Estados Unidos.

Haiti se encuentra en el tercio occidental de la isla La
15   Española. Fue colonia de Francia. Los europeos llevaron a personas africanas a Haití para que trabajaran como esclavos en las <u>plantaciones</u> de caña de azúcar y café. En la década de 1790 los esclavos se rebelaron. En 1801, Toussaint L'Ouverture contribuyó a poner fin a la esclavitud en Haití.

20   El objetivo de libertad e <u>igualdad</u> de Toussaint L'Ouverture nunca se alcanzó. La mayoría de los presidentes de Haití se convirtieron en dictadores. Uno de los peores fue François Duvalier, quien llegó al poder en 1957. Debido a que fue médico rural, los haitianos lo llamaban
25   "Papa Doc". Le sucedió su hijo, Jean-Claude Duvalier, o "Baby Doc". Baby Doc se vio obligado a salir del país. A él le siguió un dictador militar tras otro.

Aristide regresó a Haití en 1994. Se recuperó el gobierno democrático. Cuando Aristide fue reelecto en 2000, se
30   impugnaron los resultados de la elección. En 2004, los grupos rebeldes tomaron el control de la mayor parte de Haití y Aristide abandonó el país por segunda vez. ✔

Estrategia de vocabulario

Encierra en un círculo las raíces de las palabras que aparecen subrayadas en la sección "La democracia en peligro".
La raíz de la primera, "democráticamente", es "democra".

✓ Verifica tu lectura

¿Qué pasó como resultado de las elecciones del año 2000?

____

____

____

Términos clave

Jean-Bertrand Aristide *s.* ex-presidente de Haití
refugiado *s.* persona que sale de su país para proteger su seguridad personal y escapar de la persecución

---

El pueblo de Haití

La cultura haitiana es una mezcla de culturas africanas, francesa y de las Indias Occidentales. La mayoría de la población desciende de los africanos que fueron llevados como esclavos. Los haitianos que tienen ascendencia africana y europea se conocen como criollos. Son minoría en Haití. Son los que tienen más riqueza y poder. El creole (criollo) es también el nombre del idioma de Haití. Se basa en idiomas tanto africanos como francés. ✔

Haití es el país más pobre del Hemisferio Occidental. Cerca de dos terceras partes de su población sobreviven de la agricultura, pero la tierra está agotada. Ya no existe la mayor parte de los árboles. Las lluvias arrastran la capa
45 superficial del suelo hacia el mar. Debido a que los agricultores no pueden mantener a sus familias con lo que siembran, mucha gente se va a las ciudades. Los pobres viven en vecindarios abarrotados, en condiciones insalubres y calles sin pavimentar. Mientras tanto, los ricos viven en grandes
50 casas con jardines en las colinas que dan a la ciudad.

La democracia de Haití está en riesgo una vez más. La economía también está deteriorada. La mayoría de la población aún es pobre. La violencia es algo común. Muchos desean salir de su país en busca de una vida mejor.
5 En la tabla siguiente puedes ver otros problemas en Haití.

Haití en la actualidad

Desempleo	Razón de doctores a personas	Esperanza de vida
70%	1 doctor por 5,000 personas	52 años

Preguntas de repaso

1. ¿Quiénes son los balseros haitianos?

____

____

____

2. ¿Cuáles son los principales problemas que enfrenta Haití hoy en día?

____

____

____

Término clave

criollo s. persona de ascendencia africana y europea; el creole es un idioma haitiano basado en idiomas africanos y el francés

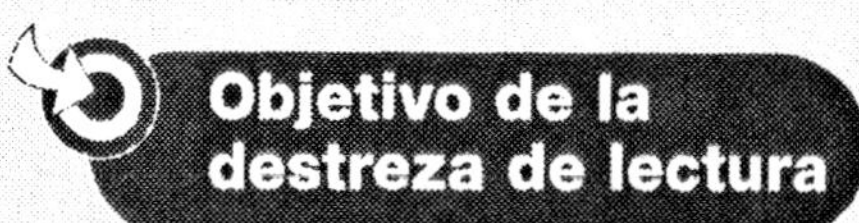

¿Qué detalles en este párrafo explican la idea principal: la cultura haitiana mezcla las tradiciones africanas, francesa y de las Indias Occidentales? Subráyalos en el texto de la izquierda.

✓ Verifica tu lectura

¿Quiénes son los criollos en Haití?

____

____

____

Estrategia de vocabulario

Cada palabra subrayada en la sección "Puertorriqueño y estadounidense" tiene una raíz. Subraya las raíces. La raíz de la palabra "presidenciales" es "presid".

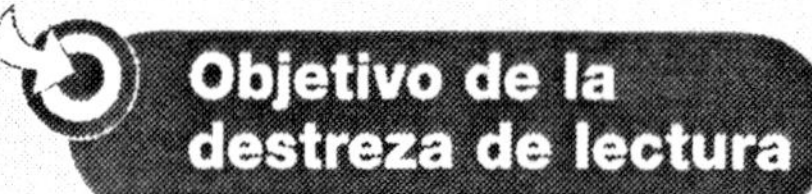

✓ Verifica tu lectura

Encierra en un círculo tres diferencias entre los puertorriqueños y los demás ciudadanos estadounidenses.

Objetivo de la destreza de lectura

En una oración indica a qué se refieren todos los detalles del párrafo entre corchetes. Estos indican la idea principal del párrafo. Pista: La idea principal tiene que ver con las diferentes influencias culturales en Puerto Rico.

Puerto Rico fue una colonia española. Cuando España perdió la guerra Hispanoamericana, cedió Puerto Rico a Estados Unidos. Estados Unidos poco a poco ha dado más libertad a Puerto Rico sobre su propio gobierno. En 1951 Puerto Rico adoptó su propia constitución.

Puertorriqueño y estadounidense

Puerto Rico forma parte de Estados Unidos. Los puertorriqueños son **ciudadanos** estadounidenses. Sin embargo, Puerto Rico no es un estado. Es una **mancomunidad**. Los puertorriqueños no votan en las elecciones <u>presidenciales</u>. No pagan impuestos estadounidenses. Tienen un representante en el Congreso de Estados Unidos, pero ese <u>representante</u> no tiene voto. Los puertorriqueños sirven en las fuerzas armadas. ✓

Muchos puertorriqueños se mudan a Estados Unidos continental. La mayoría se establece en las ciudades del noreste. Hay muchas <u>diferencias</u> entre la vida en Puerto Rico y la vida en el continente. Puerto Rico tiene un clima caluroso, mientras que los inviernos en el noreste llegan a ser muy fríos. El idioma en territorio continental es el inglé mientras que la gente habla español en Puerto Rico.

La vida en la isla

Muchas personas viajan de ida y de regreso al continente y a Puerto Rico. Viven en ambos lugares por temporadas. En la década de 1950 muchos puertorriqueños se mudaron al continente, pero desde 1965 se igualó la cantidad de personas que salen de la isla con la de quienes regresan a ella.

[Como la gente viaja de ida y vuelta, traen y llevan consigo costumbres y productos. Hay mucha influencia de la parte continental de Estados Unidos en Puerto Rico. También existe una fuerte relación cultural con el Caribe. La mayoría de la población es una mezcla de ascendencia española y africana.

Términos clave

constitución *s.* declaración de las leyes y valores fundamentales de un país

ciudadano *s.* persona con derechos y obligaciones en un gobierno particular

mancomunidad *s.* unidad política autogobernada con relaciones estrechas con otro país

Las ciudades puertorriqueñas muestran la influencia de
las culturas española, caribeña y estadounidense. Cerca del
35 75 por ciento de la población de Puerto Rico vive en ciudades. Muchas personas trabajan en fábricas. Otras lo
hacen en hoteles y restaurantes para turistas. La capital,
San Juan, tiene un gran muelle que se conoce como el
Condado. En el Condado hay muchos hoteles de lujo.
40 Cerca de ahí hay modernos rascacielos. En la parte antigua
de San Juan hay muchos edificios de estilo español. Se
conserva aún una iglesia de 450 años de antigüedad, cons-
truida por los españoles. ✓

En busca de un rumbo nuevo

Los puertorriqueños no se ponen de acuerdo en el rumbo
45 que debe tomar su isla en el futuro. En la actualidad es
una mancomunidad de Estados Unidos. Las empresas
estadounidenses en la isla han elevado el nivel de vida.
El gobierno de Estados Unidos envía millones de dólares
a la isla cada año.

50 Si Puerto Rico se convirtiera en un estado, sería el más
pobre de la Unión. Los puertorriqueños podrían votar en
las elecciones estadounidenses, pero también deberían
pagar impuestos. Por estas razones los puertorriqueños
decidieron no convertirse en el estado número 51 de
55 Estados Unidos.

Algunas personas preferirían que Puerto Rico fuese
una nación separada. Temen que, de no hacerlo así, los
puertorriqueños perderán su identidad. Desean asegu-
rarse de que los puertorriqueños conserven su idioma
60 español y su cultura. También destacan la relación de
Puerto Rico con otras naciones caribeñas. ✓

Preguntas de repaso

1. ¿Cuál es la relación de Puerto Rico con Estados
Unidos?

____

____

____

2. ¿Cuáles son las tres opciones que los puertorriqueños
consideran para su futuro?

____

____

____

✓ **Verifica tu lectura**

Describe San Juan.

____

____

____

✓ **Verifica tu lectura**

¿Por qué algunas personas están
en favor de la independencia de
Puerto Rico?

____

____

____

1. De lo siguiente, ¿qué describe mejor el gobierno de Cuba?
   A. Es la única colonia española en el Caribe.
   B. Es una mancomunidad de Estados Unidos.
   C. Tiene un gobierno comunista.
   D. Es una colonia de la Unión Soviética.

2. El camino de Haití hacia la democracia se ve obstaculizado por
   A. una economía de un solo producto.
   B. los dictadores.
   C. los huracanes.
   D. la iglesia católica.

3. En 1994, el gobierno de Haití recuperó la democracia con
   A. Toussaint L'Ouverture.
   B. François Duvalier.
   C. Jean-Claude Duvalier.
   D. Jean-Bertrand Aristide.

4. De los siguientes, ¿cuál es una mancomunidad de Estados Unidos?
   A. Cuba
   B. Haití
   C. Puerto Rico
   D. Miami

5. De lo siguiente, ¿qué es verdadero acerca de la población de Puerto Rico?
   A. Vota en las elecciones presidenciales.
   B. Paga impuestos estadounidenses.
   C. Tiene un representante sin voto en el Congreso.
   D. No se alistan en las fuerzas armadas de Estados Unidos.

Pregunta de respuesta corta

¿Cómo cambió la vida en Cuba después de la llegada al poder de Fidel Castro?

____

____

____

____

Resumen de la Sección 1

En el bosque tropical de Brasil es difícil que pase la luz a través de la **bóveda arbórea** que forman las copas de los árboles. Pocas personas viven en el **bosque tropical del Amazonas**. Sin embargo, el bosque tropical es muy importante para el pueblo de Brasil y para todo el mundo.

La geografía de Brasil

Los bosques tropicales de Brasil abarcan casi la mitad de su territorio. En el sureste hay una gran área de tierra delimitada por cordilleras de montañas y valles fluviales. Hay muchos puertos a lo largo de la costa. **Río de Janeiro** se desarrolló alrededor de un puerto. La mayoría de la población brasileña vive cerca de la costa.

El gobierno brasileño desea fomentar el desarrollo tierra adentro. En 1956, para atraer a la gente a esas áreas, el gobierno comenzó la construcción de una nueva capital, **Brasilia**. Eligieron un lugar en la sabana. Hoy en día, alrededor de 2 millones de personas viven ahí. ✔

La importancia del bosque tropical

El bosque tropical es importante para la vida en todo el mundo. Los bosques tropicales producen oxígeno. El bosque tropical del Amazonas tiene varios millones de especies de plantas, animales e insectos. Muchas medicinas se extraen de plantas que crecen sólo en el bosque tropical.

En el pasado, Brasil otorgó tierras del bosque tropical a los campesinos, quienes derribaron árboles para preparar la tierra para la siembra. En unos cuantos años, el suelo se agotó. La industria maderera, la minera y la construcción de caminos también dañaron al bosque tropical. Hoy en día los líderes brasileños tratan de proteger el frágil bosque tropical de futuros daños.

Términos clave

bóveda arbórea *s.* densa masa de hojas y ramas que forman la capa superior de un bosque tropical
bosque tropical del Amazonas *s.* extenso bosque tropical en el norte de América del Sur
Río de Janeiro *s.* gran ciudad de Brasil
Brasilia *s.* nueva ciudad capital de Brasil
sabana *s.* región o llanura plana y con pastos

Estrategia de vocabulario

Las palabras enlistadas a continuación aparecen en esta sección. Cada una contiene un prefijo. Subraya el prefijo de cada palabra. Al hacerlo, piensa en el significado de cada prefijo.

Pista: Recuerda que un prefijo por lo general es una sílaba breve que se añade a la palabra raíz.

extraen

inmigrantes

insalubres

✔ Verifica tu lectura

¿Por qué se construyó Brasilia?

____

____

____

Describe tres peligros que amenazan al bosque tropical.

____

____

____

Objetivo de la destreza de lectura

Compara la manera como vivían los pueblos nativos antes del desarrollo del bosque tropical con la forma como viven ahora.

____

____

____

¿Cómo es Río de Janeiro?

____

____

____

30 Hay otras amenazas para el bosque tropical. El gobierno brasileño trata de detener el contrabando de animales en peligro de extinción y el de madera. También trata de detener la contaminación que causan las minas. ✓

Antes del desarrollo, muchos de los pueblos nativos del 35 bosque tropical estaban aislados. Conservaban sus formas de vida ancestrales. Cuando el bosque tropical se abrió al desarrollo, llegaron mineros, agricultores y especuladores de tierras. Estas personas llevaron nuevas enfermedades que mataron a muchos nativos. Otros murieron en los con-40 flictos con los promotores del desarrollo. La cultura de estos pueblos nativos comenzó a cambiar.

El pueblo de Brasil

Los nativos americanos que viven en el bosque tropical son algunos de los primeros en vivir en Brasil. Muchos nativos americanos aún viven en el bosque tropical. Sin 45 embargo, algunos se han ido a las ciudades.

Ahora, la mayoría de la población brasileña es una mezcla de herencias nativas americanas, africanas y europeas. Hay muchos rasgos de la cultura africana. La ciudad de Salvador es como un pueblo de África. Algunos brasileños 50 descienden de colonos portugueses. En fechas recientes han llegado inmigrantes de Italia y Japón.

En Brasil, unas cuantas personas poseen la mayor parte de la tierra apta para el cultivo. En la década de 1990, el gobierno otorgó un poco de esta tierra a los 55 agricultores pobres.

Como muchas ciudades brasileñas, Río de Janeiro es hogar de ricos y pobres. Está en la costa, rodeada de montañas. Hay hoteles y tiendas caros para los turistas. En las faldas de las montañas, los vecindarios están 60 abarrotados y padecen condiciones insalubres. Cerca de una cuarta parte de la población de Río vive en casas sin electricidad ni agua corriente. ✓

Preguntas de repaso

1. ¿Cuáles son las principales características de la geografía de Brasil?

____

____

2. ¿Por qué los bosques tropicales de Brasil son importantes para el mundo entero?

____

____

CAPÍTULO 6

Resumen de la Sección 2

El pueblo uro se adaptó a la geografía del lago Titicaca.
Cuando los uros necesitan más tierra, construyen isletas
con carrizos de totora. Desde la época de los incas, los
pueblos de Perú se han adaptado a las regiones donde
5 viven.

Las regiones y los pueblos de Perú

Los Andes se extienden
desde el noroeste hacia
el sureste de Perú.
Dividen al país en tres
10 regiones geográficas. La
región de la sierra abar-
ca los Andes y el alti-
plano, una meseta alta
en los Andes. La gente
15 vive en esta región
desde hace cientos de
años. Los incas cons-
truyeron su imperio en
el altiplano. La ciudad
20 de Cuzco fue su capital.
Hoy en día, los descen-

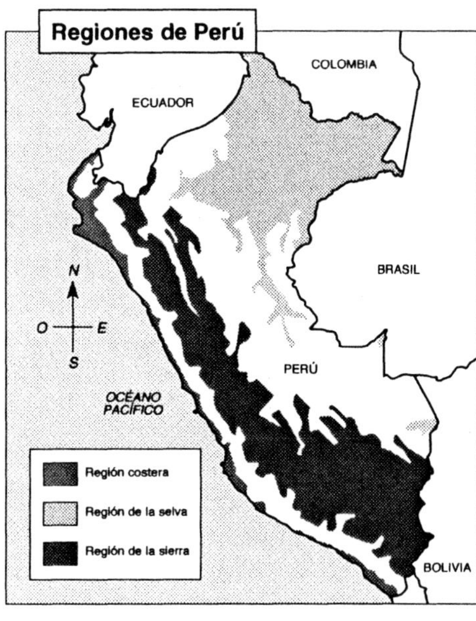

dientes de los incas viven de la misma forma que sus
antepasados. Crían borregos, ganado, llamas y alpacas.
La región costera es seca. Está salpicada de oasis en
25 donde la gente ha vivido desde antes de la llegada de los
europeos. Esta área es el centro económico de Perú. Más
de una cuarta parte de la población de Perú vive en
Lima, la capital.
La tercera región de Perú es una gran área boscosa. Se
30 extiende desde las montañas hasta las tierras bajas del
noreste de Perú. Esta región se llama la selva. La selva
tiene pocos caminos para conectarla con la sierra y la
costa. Esta región ha tenido poco desarrollo.

Términos clave

sierra *s.* la región montañosa de Perú
altiplano *s.* meseta alta en los Andes
oasis *s.* área fértil en un desierto con un manantial (plural: *oasis*)

Estrategia de vocabulario

Las palabras enlistadas a continuación aparecen en
esta sección. Cada
una de ellas tiene un
sufijo. Subraya
el sufijo de cada una.
Al hacerlo, piensa en
lo que significa cada sufijo.

geográfico

costero

económico

autobuses

Conforme lees esta sección,
encierra en un círculo las palabras.
¿Conocer el significado del sufijo
te ayuda a comprender el significado de cada palabra?

✓ **Verifica tu lectura**

¿Cuáles son los dos grupos principales de la población de Perú?

1. _______________________

2. _______________________

Objetivo de la destreza de lectura

¿Qué contrastes ves en el párrafo entre corchetes entre la vida en la ciudad y la vida en una aldea aislada en el altiplano?

____

____

____

✓ **Verifica tu lectura**

Explica cómo un grupo de peruanos se ha adaptado a su ambiente.

____

____

____

Los nativos americanos conforman más de la mitad de la población de Perú. Muchos de ellos permanecían apartados del mundo moderno. La mayoría de los nativos americanos de Perú son quechuas. Otro 32 por ciento de la población es mestiza. El resto de los peruanos descienden de europeos, africanos y asiáticos. ☑

La vida en el altiplano

Muchos de los nativos americanos que viven en el altiplano conservan tradiciones de hace cientos de años. Sin embargo, sus comunidades cambian lentamente. Miles de nativos americanos se van a buscar trabajo en las ciudades, y la vida cambia también para quienes se quedan en sus aldeas.

Es fácil ver el pasado en el altiplano. Hay ruinas de ciudades incas en el campo. La mayoría de quienes viven en las ciudades tienen electricidad. Las calles están pavimentadas y hay teléfonos. En Cuzco, aún están de pie algunas partes de la antigua ciudad inca. Las casas modernas se construyen sobre los cimientos de piedra que quedaron de los incas. Hay también edificios antiguos.

La vida en el campo es muy distinta de la vida en la ciudad. En las aldeas más alejadas no hay teléfonos. Hay pocos autobuses. La mayoría de la gente es quechua o aymara. La tierra es tundra, sin árboles.

Igual que los uros en el lago Titicaca, la gente que vive en la tundra se ha adaptado a su ambiente. Los quechuas crían borregos, animales que se adaptan bien a la tundra. Los quechuas se dan tiempo para jugar fútbol. En sus escuelas aprenden acerca del mundo que los rodea. ☑

Preguntas de repaso

1. ¿Cuáles son las tres regiones de Perú y cómo son?

____

____

____

2. ¿Cómo es Cuzco?

____

____

____

Resumen de la Sección 3

En 1520, **Fernando de Magallanes** halló una ruta a través de las islas en el "fondo" de América del Sur. El pasaje que descubrió es hoy Chile. Este estrecho permitió que los marineros navegaran desde Europa para explorar la costa occidental de América del Sur.

La geografía de Chile

El pasaje que descubrió Magallanes se llama Estrecho de Magallanes. Es peligroso navegar por él. Sin embargo, es más seguro que bordear Cabo de Hornos hacia el sur. La expedición de Magallanes fue la primera en **circunnavegar** el globo. No obstante, Magallanes murió durante el viaje. Sólo una de las cinco embarcaciones regresó a España.

Chile es el país más largo y angosto del mundo. En promedio, tiene sólo 100 millas (161 kilómetros) de ancho, pero se extiende 2,650 millas (4,265 km) por la costa del Pacífico hasta el extremo mismo de América del Sur. Los Andes recorren toda la longitud de Chile.

En Chile hay diferentes accidentes geográficos y climas. El Desierto de Atacama está en el norte. Este desierto es rico en cobre. Es una región salpicada de minas. Chile exporta más cobre que cualquier otro país en el mundo.

Chile tiene un largo valle central. Hay colinas sinuosas, altos pastizales y bosques. Ésta es la región donde vive la mayoría de la población. También es donde se encuentra la capital, Santiago. La agricultura y la minería son importantes aquí. La hermosa región de los lagos tiene bosques, cascadas y montañas volcánicas con cumbres cubiertas de **glaciares**. ☑

El tercio sur de Chile es frío y húmedo, y a menudo con mal tiempo. Esta región está cerca de la Antártida. En ella hay icebergs y pingüinos.

Términos clave

Fernando de Magallanes *s.* explorador portugués, cuya expedición fue la primera en circunnavegar el globo

circunnavegar *s.* navegar o volar alrededor de algo, como la Tierra

glaciar *s.* masa grande de hielo y nieve que se desplaza con lentitud

---

Estrategia de vocabulario

Las siguientes palabras aparecen en esta sección. Cada una de ellas es una palabra compuesta. Traza una línea vertical que separe las dos palabras que la componen. Enciérralas en un círculo mientras lees la sección.

altiplano

circunnavegar

conforman

Objetivo de la destreza de lectura

Compara y contrasta la navegación a través del Estrecho de Magallanes con la que rodea el Cabo de Hornos. ¿En qué son diferentes?

____

____

¿En qué se parecen?

____

____

☑ Verifica tu lectura

Describe el valle central de Chile.

____

____

____

____

El pueblo y los productos de Chile

El estilo de vida de los chilenos varía de región en región.
En el sur, la gente cría borregos. Muchos agricultores
35 viven en el valle central. La gente de la ciudad siempre
anda con prisas. Los mestizos conforman más del 90 por
ciento de la población. Sólo 10 por ciento de la gente son
nativos americanos. Más del 80 por ciento de toda la
población vive en las ciudades.

40 La economía de Chile depende en gran medida de la
venta de cobre. En la década de 1980 cayeron los precios
del cobre, y esto perjudicó a la economía. La agricultura
se convirtió en una industria importante. Hoy en día,
Chile exporta frutas y legumbres a todo el mundo.

45 Las regiones agrícolas de Chile están protegidas por
los Andes. Muchas plagas de insectos y enfermedades
animales que dañan a otros países nunca llegan a Chile.
Por tanto, los cultivos chilenos están a salvo de muchas
plagas que azotan las plantas.

El regreso de la democracia

50 En 1973, las fuerzas armadas se apoderaron del gobierno
de Chile. La fuerza militar estuvo encabezada por el general Augusto Pinochet Ugarte. Fue un dictador brutal.

Hubo días nacionales de protesta. La iglesia católica
se pronunció contra él. En las elecciones de 1988, el nom-
55 bre de Pinochet era el único en las boletas. Pero el pueblo
de Chile lo rechazó con el voto de "no". De ahí regresó el
gobierno democrático.

Preguntas de repaso

1. Describe las regiones geográficas de Chile.

____

____

____

2. Describe la vida en Chile cuando Pinochet estaba en el
poder.

____

____

____

> **Término clave**
> **Augusto Pinochet Ugarte** *s.* dictador militar de Chile desde
> 1973 hasta 1988

✓ Verifica tu lectura

¿Por qué los productos agrícolas chilenos están a salvo de muchas plagas?

____

____

____

✓ Verifica tu lectura

¿Cómo terminó la dictadura de Pinochet?

____

____

____

Resumen de la Sección 4

Una tierra que obtuvo su riqueza del petróleo

1 Venezuela tiene las reservas de petróleo más grandes del mundo, después de la región del Golfo Pérsico. El petróleo venezolano ha ganado millones de dólares en el mercado mundial. Tanto el gobierno como las empresas privadas
5 tienen compañías petroleras. A principios de la década de 1980, Venezuela era el país más rico de América Latina. Gran parte de este dinero fue a la capital, Caracas. También es el centro económico del país.

En la década de 1970, el precio del petróleo aumentó.
10 Comenzó un auge petrolero. El gobierno comenzó a gastar mucho dinero. Se contrató a mucha gente para que trabajara en las dependencias gubernamentales. Se construyeron trenes subterráneos y caminos. El gobierno pidió dinero prestado para gastar todavía más.El país dependía del
15 dinero de las ventas de petróleo para pagar estos préstamos.

Desde mediados de la década de 1980 hasta la década de 1990 se extrajo más petróleo en el mundo del que se necesitaba, y su precio comenzó a caer. El gobierno gastaba más de lo que ganaba. Mucha gente perdió su empleo. Sin embargo, los
20 precios del petróleo comenzaron a subir a principios del siglo XXI después de que muchos trabajadores petroleros venezolanos se declararan en huelga. Para 2004, los precios del petróleo llegaron a su punto más alto en 20 años. En 2006, continuaron elevándose. El nivel de pobreza comenzó a disminuir,
25 pero todavía sigue siendo un problema en Venezuela. ✔

La economía y el pueblo

Antes del auge petrolero, Venezuela era un país con una cultura y economía basadas en la agricultura. Gracias al auge petrolero se convirtió en una nación moderna. Hoy en día, cerca del 80 por ciento de su población vive en las ciudades.

30 Cuando cayeron los precios del petróleo, muchos trabajadores perdieron sus empleos. Para solucionar este problema, el gobierno venezolano inició una política de privatización. A finales de la década de 1980 y durante

---

Términos clave

Caracas *s.* la capital de Venezuela
auge *s.* periodo de crecimiento y prosperidad económicos
privatización *s.* venta de tierra o industrias que pertenecen al gobierno a empresas privadas o personas físicas

---

✓ Verifica tu lectura

¿Por qué tanta gente perdió su empleo en las décadas de 1980 y 1990?

____

____

____

Objetivo de la destreza de lectura

¿En qué fue similar la situación en Venezuela durante la década de 1970 a la que se vivió a principios del siglo XXI?

____

____

____

✓ **Verifica tu lectura**

¿Cómo se comparan los salarios de los trabajadores antes y después de la privatización?

____

____

____

Estrategia de vocabulario

Las palabras siguientes aparecen en el apartado "Un cambio en el gobierno". Cada una contiene un prefijo o un sufijo. Subraya el prefijo o el sufijo de cada palabra. Al hacerlo, observa cómo el prefijo y el sufijo cambian el significado de la raíz.

elegido   reelección

prometido

desempleado

desacuerdo

✓ **Verifica tu lectura**

¿Cómo logró Hugo Chávez el apoyo de las personas de escasos recursos?

____

____

____

1990, el gobierno vendió algunas compañías a grandes cor-
35 poraciones. Se esperaba que estas corporaciones obtuvie-
ran grandes utilidades y así pudieran contratar más empleados. Sin embargo, los salarios que ofrecían eran menores a los que pagaba el gobierno. ✓

La crisis económica se empeoró por los desastres
40 naturales. En 1999, hubo grandes inundaciones y aludes de lodo en Venezuela. Muchos murieron o quedaron sin hogar. La reconstrucción duró varios años.

Un cambio en el gobierno

En 1998, Hugo Chávez fue electo presidente de Venezuela. Prometió ayudar a los pobres. No obstante,
45 algunas personas se opusieron a él. En 2002, fue forzado brevemente a abandonar el poder durante un intento de golpe de estado. También se enfrentó a protestas y a una huelga que detuvo la producción de petróleo. A pesar de ello, la mayoría de los votantes todavía lo apoyaba.

50 Chávez inició varios programas. Utilizó los ingresos provenientes de la venta del petróleo para proveer a los pobres de servicios básicos. Sin embargo, los críticos del presidente estuvieron en desacuerdo con muchas de sus políticas. Algunas de ellas afectaron la relación entre
55 Venezuela y Estados Unidos.

La economía de Venezuela ha mejorado en años recientes. Los precios del petróleo se han elevado. Hay menos desempleo y pobreza. Estas mejoras pueden ayudar a Chávez a ser reelegido. ✓

Preguntas de repaso

1. ¿Cómo reaccionó el gobierno de Venezuela ante el auge petrolero?

____

____

____

2. ¿Por qué afectó tanto a Venezuela la caída de los precios del petróleo?

____

____

____

Término clave

golpe *s.* derrocamiento de un gobernante o gobierno por parte de un grupo organizado, el cual después toma el poder

1. El recurso más valioso y frágil de Brasil es
   A. el bosque tropical.
   B. las plantaciones de café.
   C. las favelas.
   D. las fábricas.

2. El centro económico de Perú está en
   A. la sierra.
   B. el altiplano.
   C. la región costera.
   D. la selva.

3. Chile necesitó buscar otras formas de obtener dinero cuando cayó el precio mundial de
   A. el petróleo.
   B. el cobre.
   C. el café.
   D. los bienes de consumo.

4. La venta de tierra o empresas gubernamentales a empresas privadas se llama
   A. diversificación.
   B. nacionalización.
   C. privatización.
   D. democratización.

5. ¿Por qué la industria petrolera de Venezuela tuvo problemas a mediados de la década de 1980 hasta la década de 1990?
   A. Los campos petroleros comenzaron a agotarse.
   B. La gente no usaba mucho los automóviles.
   C. El país comenzó a interesarse más en la agricultura.
   D. Los precios mundiales del petróleo cayeron.

Pregunta de respuesta corta

¿Qué pasó cuando los pueblos nativos de los bosques tropicales de Brasil entraron en contacto con el mundo exterior?

____

____

____

____